그림으로 배우는
메타버스
Meta verse

하다마 토시유키 저 · 김은철, 유세라 역

SE
SHOEISHA

YoungJin.com Y.
영진닷컴

그림으로 배우는
메타버스

図解まるわかり メタバースのしくみ
(Zukai Maruwakari Metaverse no Shikumi : 7487-7)
© 2022 Toshiyuki Hadama
Original Japanese edition published by SHOEISHA Co.,Ltd.
Korean translation rights arranged with SHOEISHA Co.,Ltd.
in care of JAPAN UNI AGENCY, INC. through Korea Copyright Center Inc.
Korean translation copyright © 2023 by Youngjin.com, Inc.

ISBN 978-89-314-6933-2

독자님의 의견을 받습니다

이 책을 구입한 독자님은 영진닷컴의 가장 중요한 비평가이자 조언가입니다. 저희 책의 장점과 문제점이 무엇인지, 어떤 책이 출판되기를 바라는지, 책을 더욱 알차게 꾸밀 수 있는 아이디어가 있으면 이메일, 또는 우편으로 연락주시기 바랍니다. 의견을 주실 때에는 책 제목 및 독자님의 성함과 연락처(전화번호나 이메일)를 꼭 남겨 주시기 바랍니다. 독자님의 의견에 대해 바로 답변을 드리고, 또 독자님의 의견을 다음 책에 충분히 반영하도록 늘 노력하겠습니다.

주 소 (우)08507 서울특별시 금천구 가산디지털1로 128 STX-V 타워 4층 401호
등 록 2007. 4. 27. 제16-4189호
이메일 support@youngjin.com

저자 하다마 토시유키 | **번역** 김은철, 유세라 | **총괄** 김태경 | **진행** 최윤정
표지 디자인 김효정 | **내지 디자인 · 편집** 이경숙 | **영업** 박준용, 임용수, 김도현
마케팅 이승희, 김근주, 조민영, 김도연, 김민지, 김진희, 이현아 | **제작** 황장협 | **인쇄** 제이엠

시작하며

2021년 페이스북이 돌연 메타버스 선언을 하면서 일약 메타버스라는 말이 대세가 되었습니다. 메타버스라는 말이나 개념 자체는 사실 새로운 것이 아닌, 오래전부터 소설이나 SF 영화에서 종종 미래의 이미지로 그려져 왔습니다. 그것이 현재 5G, AI, IoT, 블록체인, VR/AR과 같은 기술 혁신과 함께 SF 영화 『매트릭스』의 세계가 마침내 온 것이 아닌가 하는 기대를 받고 있다고 생각됩니다.

이 책에서는 지금 기술에서의 "현실적인 메타버스"와 기술 및 법 정비 등의 관점부터 "지금은 현실적이지 않으나 미래의 메타버스"라는 예측도 섞어서 다양한 기술의 집합체인 메타버스의 구조를 설명합니다.

이 책은 뉴스를 보고 메타버스가 궁금했던 분들, 앞으로 비즈니스로서 진출을 검토하고 있는 분, 또 엔지니어나 크리에이터로서 새로운 활동의 장을 원하는 분 등을 대상으로 합니다. 중간에 엔지니어를 목표로 하는 분을 위해 CG 및 프로그램 등 기술적인 것도 설명하지만, 기본적인 구조만을 알고 싶은 분은 표제만 읽어도 됩니다.

우리 인류는 산업혁명 이후에 다양한 진화를 거듭했고, 그리고 1980년대부터 계속되는 정보화 시대는 우리 생활에 극적인 편리성을 가져왔습니다. 기술이란 인간에게 있어 편리한 것이라면 반드시 침투하고, 결코 과거로는 돌아가지 않는 불가역적인 면을 갖고 있습니다. 이 책을 통해 메타버스가 우리 인류의 새로운 세계가 될지 여러분과 함께 깊게 이해해 나갈 수 있으면 좋겠습니다.

이 책의 학습에 도움이 될 수 있도록 「메타버스 플랫폼에서 사용할 수 있는 아바타의 3D 모델 데이터」를 제공합니다. 아래 사이트에서 다운로드할 수 있습니다.

영진닷컴 홈페이지 부록CD다운로드 :

• https://www.youngjin.com/reader/pds/pds.asp

Ch 4 메타버스를 표현하는 그래픽
3DCG와 디자인으로 표현하는 세계관의 표현   71

Ch 5 │ 메타버스를 만드는 프로그래밍
플랫폼에 따른 개발 기법의 차이   91

Ch 8 비즈니스에서 메타버스 활용법
회사의 비즈니스에 메타버스를 활용하려면?   151

Ch 9 앞으로의 메타버스
메타버스의 미래를 상상하자
171

Chapter 1

메타버스의 기본

메타버스의 어원과 역사

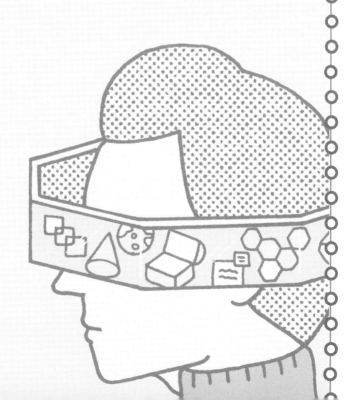

>> 메타버스란?

메타버스가 의미하는 것

최근 뉴스나 SNS 등에서 메타버스라는 말이 주목받고 있습니다. Facebook이나 Instagram 등의 SNS로 유명한 Facebook 사는 메타버스 사업에 대형 투자를 선언하고 회사명을 「Meta(메타)」로 변경했습니다. 또한, 마찬가지로 IT 대기업인 마이크로소프트 사도 커뮤니케이션 툴인 「Teams」를 메타버스에 대응시킨다고 발표했습니다. IT 대기업들이 앞다퉈 공을 들이는 메타버스는 도대체 어떤 것일까요?

메타버스의 의미는 여러 가지 의견이 있지만, 주로 「온라인상에서 연결된 **가상공간**」을 말합니다. **PC나 스마트폰, VR이나 게임기 등 다양한 디바이스를 통해서** 전 세계 사람들이 온라인에서 공통의 가상공간에 접속할 수 있는 시스템 및 세계관을 메타버스라고 표현합니다(그림 1-1).

메타버스에서는 무엇을 할 수 있을까?

그렇다면 「온라인상에서 연결된 가상공간」인 메타버스에서 어떤 일을 할 수 있을까요? 미래로 보면 「일」이나 「대화」, 「쇼핑」이나 「게임」 등 현실 세계와 똑같은 삶을 메타버스 내에서도 할 수 있게 되지 않을까 생각합니다.

그리고 메타버스의 세계에서는 사람들은 자신의 **아바타**를 통해 다른 사람과 커뮤니케이션을 하게 됩니다. **메타버스에서는 인종이나 성별, 연령, 살고 있는 장소는 큰 상관이 없습니다**(그림 1-2). 게다가 직장에는 워프로 출퇴근하며, 무한대로 늘어나는 토지에 내 취향의 집을 지을 수도 있습니다. 메타버스는 가상공간이면서도 현실 세계와 마찬가지 혹은 그 이상의 편리한 생활을 할 수 있는 새로운 세계입니다.

그림1-1 메타버스는 도대체 무엇일까?

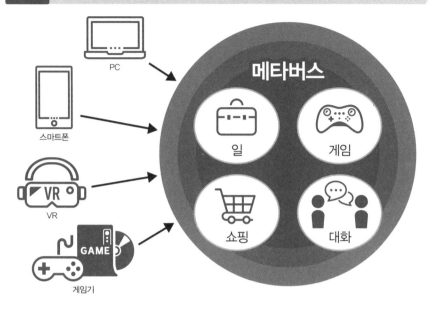

그림1-2 메타버스와 아바타

- 누구나 자신이 원하는 아바타가 될 수 있다
- 인종, 성별, 연령, 거주지 등은 상관 없다

Point
- ✔ 메타버스는 「온라인상에서 연결된 가상공간」
- ✔ PC나 스마트폰, VR이나 게임 등의 다양한 디바이스로 접속한다
- ✔ 메타버스에서는 인종, 성별, 연령 등을 신경쓸 필요가 없다

≫ 메타버스의 어원

메타버스의 개념은 언제 등장했을까?

최근 갑작스럽게 주목받기 시작한 「메타버스」지만, 사실 이 말은 1990년대부터 존재해 왔습니다.

메타버스라는 단어가 세계에서 처음 등장한 것은 미국의 SF 작가인 닐 스티븐슨이 발표한 「**스노크래시**」라는 소설에서였습니다. 작품 속에서는 기술이 발달한 가까운 미래의 미국을 무대로 가상공간인 메타버스가 등장합니다(그림 1-3). 그리고 메타버스 내에서 어떤 인물과의 교류를 계기로 주인공은 중대한 사건에 휘말리게 됩니다.

메타버스라는 개념은 이 소설에서 등장한 가까운 미래 세계의 가상공간 「메타버스」가 어원이 되어, 지금은 많은 기업이나 미디어가 주목하는 개념으로 널리 퍼지게 되었습니다.

메타버스의 정의와 유사어

메타버스와 유사한 말도 많이 있습니다. 예를 들면 「가상공간」, 「**가상현실**」, 「사이버공간」, 「MMORPG(대규모 다중접속 온라인 롤플레잉 게임)」 등입니다(그림 1-4). 그리고 메타버스 등장 이전에도 SF 소설이나 SF 영화에서 그에 가까운 개념은 이미 존재했습니다.

사실, 소설 내의 용어로 탄생한 메타버스에는 **명확한 단어의 정의가 없습니다.** 예를 들어, 온라인 3D 공간에서 여러 사람이 모험을 하는 RPG 게임인 「MMORPG」는 메타버스의 개념에 해당할까요? 이 질문에 대한 정답은 없습니다. 메타버스의 정의에 해당한다고 생각하는 사람도 있고, 해당하지 않는다고 생각하는 사람도 있습니다. 그래서 온라인 게임의 세계 등에서 메타버스는 이미 실재한다고 여기는 사람들이 많습니다.

그림 1-3 메타버스의 어원과 널리 퍼진 이유

Designed by Freepik

- SF 소설 「스노크래시」에서 등장한 말이 어원
- 「meta(초월한)」 + 「universe(세계)」 = 「메타버스」

그림 1-4 메타버스의 유사어 예시

【가상공간】
자유롭게 움직일 수 있는 3D 공간

【가상현실】
컴퓨터로 만들어진 현실같은 세계

【사이버 공간】
컴퓨터나 네트워크에 있는 가상공간

【MMORPG】
대규모 다중 접속 온라인 RPG

Point

✔ 메타버스라는 말은 SF 소설 「스노크래시」에서 처음 등장했다

✔ 메타버스와 비슷한 의미를 나타내는 말들도 많이 있다

✔ 메타버스에는 명확한 정의가 없으며, 사람마다 판단 기준이 다르다

» 메타버스가 주목받게 된 이유

2021년, 갑자기 전 세계의 주목을 받은 메타버스 ///////////////////////

1990년대부터 존재하는 개념인 「메타버스」지만, **이 말이 주목을 받기 시작한 것은 2021년이 되어서부터입니다.** Google 내에서 검색량 추이를 볼 수 있는 Google 트렌드에 따르면, 세계에서 「메타버스」가 급격하게 검색되기 시작한 것은 2021년 10월부터입니다(그림 1-5). 이 시기에 **Facebook 사**에 의한 두 가지 뉴스가 화제가 되었습니다.

먼저 「EU 지역 내에서 메타버스 관련 인력을 1만 명 고용하는 계획」 발표가 있었고, 이로 인해 메타버스라는 키워드에 대한 관심도가 높아졌습니다. 이어서 「회사명을 『메타(**Meta**)』로 변경한다」고 발표하였습니다. GAFA라고 불리는 대형 IT 기업이 메타버스에 사운을 거는 모습을 보여준 것으로 인해, 전 세계 사람들이 메타버스에 주목하게 된 것입니다.

메타버스에 대한 기대와 비판 ///////////////////////////////////////

메타버스가 세계에서 주목받게 된 것은 Facebook 사의 발표가 계기였습니다. 그리고 그 개념은 기존 기업의 비즈니스 모델을 바꿀 수 있을 정도로 강력하여, 사회 전반에 다양한 논의를 불러일으켰습니다.

메타버스에 대한 기대로는, **현재 세계가 직면한 사회적 과제를 메타버스를 통해 해결할 수 있지 않을까**라는 점을 들 수 있습니다. 예를 들어, 코로나의 유행으로 의한 이동 및 접촉 제한, 환경 문제로 인한 탄소 감축, 피부색이나 성별, 언어 등의 차이에 따른 차별 등 다양한 사회 문제를 해결할 가능성을 갖고 있습니다.

한편, 「메타버스에 의존하는 사람들이 늘고 비방과 분열이 더욱 증가할 것인가?」「**기대만큼 메타버스가 보급되기 어려운 것이 아닌가?**」 등의 비판도 있어, 논의는 활발해지고 있습니다(그림 1-6).

그림1-5 Google 트렌드에서 「Metaverse」 검색량의 변화

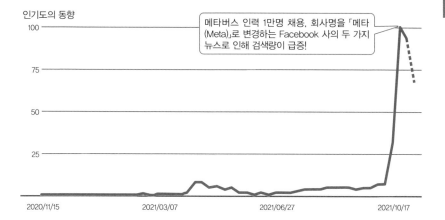

인기도의 동향

100

메타버스 인력 1만명 채용, 회사명을 「메타
(Meta)」로 변경하는 Facebook 사의 두 가지
뉴스로 인해 검색량이 급증!

75

50

25

2020/11/15   2021/03/07   2021/06/27   2021/10/17

그림1-6 메타버스에 대한 기대와 비판

긍정적

- 인종이나 성별, 언어 등에 따른 차별이 사라질 수 있음
- 이동이나 생산에 따른 비용, CO_2 감소 가능
- 다양한 비즈니스의 가능성이 높아짐

부정적

- 익명에 의한 비방 등이 증가함
- 비현실 세계에 대한 의존이 커짐
- 과거 메타버스가 실패한 사례로 보아 앞으로도 보급되지 않을 수 있음

Point
- ✔ 「메타버스」라는 말은 2021년 Facebook의 발표에 인해 트렌드가 되었다
- ✔ 긍정적인 목소리로는 다양한 사회 문제를 해결하는 점이 평가되고 있다
- ✔ 부정적인 목소리로는 「기대보다 보급되지 않을 수도 있다」라는 의견도 있다

≫ 메타버스의 역사 1980~2000년

SF 영화에서 그려진 메타버스의 세계 //

1980년대부터 SF 영화에서 메타버스에 가까운 세계가 표현되기 시작했습니다(그림 1-7). 하지만, 작품 속에서 「메타버스」라는 말이 나오는 것은 아니며, 현실 세계와는 다른 「가상공간」이나 「전뇌 공간」으로 그려집니다. 예를 들어, 세계 최초 CG 애니메 이션으로 디즈니가 공개한 『**트론**』에서는 컴퓨터의 내부 세계가 그려집니다.

또한, 전 세계에서 큰 인기를 얻은 영화 『매트릭스』에서는 「우리가 지금 살고 있는 현 실 세계 자체가 컴퓨터에 의해 만들어진 가상현실이다」라는 관점으로, 현실 세계와 가상 세계를 오가는 스토리가 전개됩니다.

온라인에서 아바타를 사용할 수 있는 서비스 하비타트(Habitat) \\\\\\\\\\\\\\\

가상공간은 SF 영화 속뿐만 아니라, 현실 세계의 서비스로도 등장하게 되었습니다. 1986년에는 실제로 온라인에서 **아바타를 사용하여 채팅 등의 커뮤니케이션을 할 수 있는** 「Habitat」(하비타트)가 등장했습니다(그림 1-8). 이 서비스는 한국에서는 서비 스가 되지 않았고, 일본에서는 「후지쯔 Habitat」로 1990년에 서비스가 시작되었습 니다.

「Habitat」에서는 2차원 세계에 더해, 3차원으로 세계를 표시하는 기능도 탑재되어 있어, 당시 기술로 **메타버스 세계를 표현하고 있었습니다.** 하지만 플레이하는데 과 금이 필요했던 Habitat는 그 후 무료 온라인 게임의 등장 등으로 비즈니스 유지가 어려워져 2010년에는 서비스를 종료하게 되었습니다.

하비타트 등장 이후에도 다양한 메타버스 개념에 해당하는 서비스들이 등장하게 되 지만, 사용자를 어떻게 유지하고 수익화할지에 대해서는 지금도 메타버스 관련 서비 스의 과제로 남아 있습니다.

| 그림 1-7 | SF 영화에서 그려진 가상 세계의 예 |

Chapter
1

메타버스의 기본

컴퓨터를 사용해서
가상 세계에 접속할 수 있다

우리가 평소 생활하고 있는 현실 세계가
사실은 컴퓨터로 만들어진 것이다

1980년대경부터 SF 영화에서 메타버스에 가까운 세계가 표현되기 시작했다

| 그림 1-8 | 원조 메타버스? 하비타트에서 할 수 있었던 것들 |

아바타 선택

하비타트 내 통화
「토큰」을 이용한
거래

채팅 + 리액션 기능

세계의 2D 표시·3D 표시

출처: 「하비타트 II」 서비스 컨셉
(URL : https://pr.fujitsu.com/jp/news/1997/Sep/habitat/habitat2_concept.html)

Point

✔ 1980년대 무렵부터 SF 영화에서 메타버스에 가까운 세계가 그려졌다

✔ 아바타를 사용해서 채팅을 할 수 있는 「하비타트」가 등장했다

✔ 「하비타트」는 서비스가 종료되었지만 메타버스의 원형이라고 할 수 있다

» 메타버스의 역사 2000~2010년

여러 메타버스 관련 서비스들이 등장 \\

2000년대에 들어서면서, PC와 인터넷이 일반 가정에도 보급되고 **다양한 메타버스 관련 서비스들도 등장하기 시작했습니다**(그림 1-9). 3DCG로 표현된 가상 세계 「Second Life」에서는 **아바타 간의 커뮤니케이션은 물론, 아바타와 옷, 건물, 소품 등을 자유롭게 만들 수 있으며, 이러한 아이템을 자유롭게 판매할 수도 있었습니다.** 또한, 현실 세계와 같이 토지의 매매도 가능하게 되면서 Second Life를 통해 현실 세계에서 수익을 얻는 사람들도 등장했습니다.

가정용 게임기에서도 PlayStation 3에서 플레이할 수 있는 「PlayStation Home」이 등장하여 게임의 세계와 커뮤니티를 연결하는 서비스로서 사용자를 모았습니다.

Second Life의 붐과 쇠퇴 \\

Second Life는 2000년대를 대표하는 메타버스 관련 서비스입니다. Second Life에서는 레벨이나 클리어와 같은 개념이 없는 등 사람들의 커뮤니케이션과 생활에 초점을 맞춘 기존 온라인 게임과는 다른 컨셉이 도입되었습니다. Second Life에서 사용할 수 있는 것은 서비스 내에서만 사용할 수 있는 암호화폐(가상화폐)였습니다. 그러나 이를 실제 화폐로 교환할 수 있었기 때문에 서비스 내에서의 암호화폐나 토지 등이 현금과 같은 가치를 갖게 되었습니다(그림 1-10).

「Second Life」는 다양한 기능을 갖춘 선진적인 서비스로, 당시 여러 매체에서 소개되었습니다. 그러나 비즈니스 활용이나 토지 운용 등 일확천금을 노리는 듯한 이미지만 선행해서 **일시적인 붐으로 사용자들에게 소비되었습니다.** 그럼에도 불구하고, 서비스 자체는 현재도 운영이 계속되고 있으며, 여전히 많은 사용자들이 그 세계를 즐기고 있습니다.

그림 1-9	2000년대에 일어난 메타버스 관련 서비스의 변화

 하드웨어 다양화와 사용자 수 증가
(PC뿐만 아니라 게임기에서도 메타버스 등장)

 기업의 프로모션으로 활용이 진행됨
(메타버스를 현행 비즈니스에 활용하는 시도가 생겨남)

 메타버스의 세계에서 개인이 현실 세계의 돈을 벌기 시작함
(아바타의 제작 및 판매, 토지 매매 등)

 일시적인 붐이 일어났지만 사용자 이탈이 심화됨
(비즈니스 목적의 사용자가 증가하고, 돈을 벌 수 없다는 것을 깨닫고 이탈함)

그림 1-10	Second Life에서 현금화하는 구조

Point
- ✔ 2000년대 무렵부터 메타버스 관련 서비스의 기능이나 디바이스 등이 다양화
- ✔ 가상 세계에서 아바타나 토지를 거래하여 수익을 창출하는 사용자들이 등장
- ✔ 여러 관련 서비스들이 일시적인 붐으로 끝나고 사용자 유지가 과제로 남음

≫ 메타버스의 역사 2010년~현재

게임 산업의 도약과 VR, NFT의 등장 //

2010년대부터는 VR의 보급 및 게임 기기나 PC의 스펙 향상으로 인해, 다양한 디바이스를 통해 메타버스 관련 서비스를 즐길 수 있게 되었습니다. 「VRChat」에서는 VR의 헤드 마운트 디스플레이와 컨트롤러를 사용하여 높은 정확도로 가상공간 내에서도 신체적 움직임을 재현할 수 있습니다.

또한, PC나 가정용 게임기에서 플레이할 수 있는 「**포트나이트**」는 대인 배틀 로얄 게임으로 시작했지만, 현재는 다양한 뮤지션들의 라이브가 열리는 등 사용자 각자가 자유롭게 즐길 수 있는 세상이 되었습니다. 그리고 일본 서비스로서는 MMORPG인 『파이널 판타지 XIV』가 세계에서 가장 많은 사용자를 모은 MMORPG가 되었습니다.

그리고 NFT(3-4 절 참조)라 불리는 기술도 등장하여 동영상이나 이미지 등의 디지털 정보에서도 소유권의 공적인 증명을 할 수 있게 되었습니다. 이 NFT 기술을 활용한 메타버스로서 『The Sandbox(샌드박스)』(7-9 절 참조)라는 서비스가 등장하였으며, 서비스 내 아이템이나 토지에 소유권이 묶이는 구조로 인해 사용자나 투자자들의 관심을 받고 있습니다(그림 1-11).

가상 세계는 실재 국가보다 더 많은 사용자를 모을 수 있음 //////////////////////////////

『포트나이트』를 플레이하는 사용자 수는 3억 5,000만 명까지 증가하여 **미국의 인구를 초과하는 사용자 수를 보유하게 되었습니다.** 온라인 게임인 『포트나이트』와 『파이널판타지 XIV』는 **사용자를 유지하고 확장하여 아바타 판매 및 월정액 과금 등으로 많은 수익을 창출하고 있습니다.** 한편, 「VRChat」과 「The Sandbox」는 현재 개발 및 테스트 단계에 있지만, 앞으로 수익화를 위해 많은 투자자들이 투자를 하고 있습니다(그림 1-12).

그림1-11 새로운 기술과 메타버스

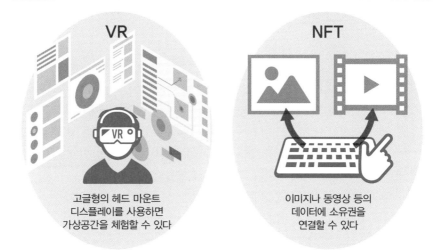

VR

고글형의 헤드 마운트
디스플레이를 사용하면
가상공간을 체험할 수 있다

NFT

이미지나 동영상 등의
데이터에 소유권을
연결할 수 있다

그림1-12 메타버스 기업의 주요 수익화 방식

사용자로부터의 직접 과금

• 유료 콘텐츠(아바타 등)
• 월정액 등의 과금

수수료 수익

사용자 간 거래 수수료 수익 등

광고

디지털 광고 등의
가상공간 내 광고

Point

✔ 2010년대 들어서 VR이나 NFT 등 새로운 기술이 보급됨

✔ 인기 있는 온라인 게임에서는 사용자 수가 국가의 인구를 넘어섬

✔ 메타버스는 기업이나 서비스마다 수익화 방법이 다르게 이루어짐

≫ 메타버스는 누가 만드는가?

메타버스를 만드는 건 누구? ///

여기까지 메타버스의 개념과 이전에 출시된 관련 서비스 등을 설명했습니다. 인터넷의 등장 이후, 현재는 다양한 기업이 메타버스 관련 서비스를 제공하고 있습니다.

그렇다면 미래의 메타버스는 어떤 세상이고, 누가 만들어 나갈 것일까요? 물론 이 질문에 정확한 답은 없습니다. 하지만 메타버스를 만들어 나갈 주체는 서비스를 제공하는 「운영 회사」뿐만 아니라 「운영 회사」와 **「사용자」** 모두라는 것은 틀림없습니다. 왜냐하면 사용자가 없는 가상 세계는 메타버스라고 할 수 없기 때문입니다. 메타버스에서는 다양한 이해 관계자가 고려될 수 있지만, 「사용자」와 「서비스 운영 회사」의 존재는 필수적입니다(그림 1-13).

사용자와 운영 회사의 공생 관계 ///

「운영 회사」와 「사용자」 양쪽이 메타버스를 만들어 나가는 것이라고 하지만, 실제로 어떻게 세상이 만들어지는지 상상하기 어려울 수 있습니다. 예를 들어, 이전 절에서 소개한 「VRChat」의 세계에서는 사용자들이 자신의 아바타는 물론 월드라고 불리는 공간이나 커뮤니티를 만들어 나갈 수 있습니다. 「VRChat」의 세계에 명확한 목표는 없으며, 현실 세계와 마찬가지로 사람들이 자유롭게 즐길 방법을 찾아가며 세상을 만들어 나가는 것입니다.

또한, 같은 이전 절에서 소개한 『The Sandbox』에서는 NFT를 활용한 **크리에이터**의 경제 시스템이 발전하고 있습니다. 크리에이터는 오리지널의 아바타나 게임 등의 NFT 콘텐츠를 제작/판매하거나 게임을 플레이하면 얻을 수 있는 통화로 NFT 콘텐츠를 구입할 수 있습니다. 이와 같이 메타버스 세계에서는 **사용자와 운영 회사가 세상을 공동 창조하는 관계가 중요**합니다(그림 1-14).

그림 1-13 메타버스의 이해 관계자(스테이크홀더) 예시

행정 기관

서비스 운영
회사

주주·투자자

사용자

메타버스

일반 기업

그림 1-14 사용자와 운영 회사의 공생 관계

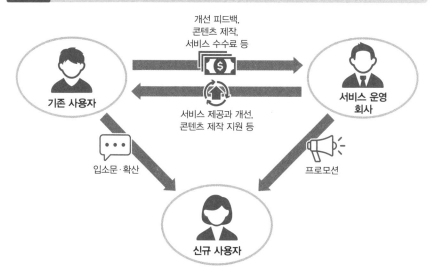

개선 피드백,
콘텐츠 제작,
서비스 수수료 등

기존 사용자

서비스 제공과 개선,
콘텐츠 제작 지원 등

서비스 운영
회사

입소문·확산

프로모션

신규 사용자

Point

✔ 서비스를 제공하는 「운영 회사」만으로 메타버스는 성립되지 않는다

✔ 「사용자」가 자발적으로 커뮤니티 등을 만들어내는 구조가 중요

✔ 메타버스에서는 사용자와 운영 회사가 세계를 공동 창조한다

≫ 메타버스와 SNS의 관계성

메타버스와 SNS의 연결성 \\

이전 절에서 메타버스에서는 「사용자」와 「운영 회사」의 공생 관계가 중요하다고 설명했습니다. 실제로 이 관계는 현재의 SNS의 구조와 매우 유사합니다. 메타버스라고 하면 VR이나 NFT와 같은 기술 측면만이 강조되기 쉽지만, **메타버스에 대한 더 깊은 이해를 위해서는 현재 인터넷에서 커뮤니티의 중심이 되고 있는 SNS의 이해가 필수적입니다.**

특히 Meta 사는 페이스북이나 인스타그램 등의 대형 SNS를 운영하고 있으며, SNS의 연장선상으로 메타버스를 인식하고 있을 가능성이 큽니다(그림 1-15). 최근에는 틱톡을 운영하는 바이트댄스 사가 VR 디바이스를 개발·판매하는 피코(Pico) 사를 인수하는 등의 움직임도 있었습니다.

현재의 대형 SNS는 왜 플랫폼 기업이 되었을까? \\\\\\\\\\\\\\\\\\\\\\\\\\\\

트위터나 인스타그램, 페이스북, 그리고 유튜브나 틱톡 등 현재 많은 사용자를 보유한 **플랫폼** 기업들은 어떻게 사용자를 확보하고, 유지·확장해 왔을까요? 이러한 SNS가 확대된 이유를 간단히 설명하면 「**사용자**」와 「**운영 회사**」가 함께 서비스를 활성화시키는 공생 관계가 자연스럽게 비즈니스 모델에 편입되어 있었기 때문입니다.

물론, 플랫폼 기업이 되는 걸 목표로 했지만 실패하여 점차 사라져 갔던 SNS도 많이 있습니다. 예를 들어, 구글이 페이스북에 대항하기 위해 출시한 Google+는 2019년에 서비스가 종료되었습니다. 이러한 「사용자」와 「운영 회사」가 공생해 나가는 서비스는 초기 사용자 확보나 사용자의 유지 등이 어렵지만, **한 번 기세를 타면 사용자가 계속적으로 증가하게 됩니다**(그림 1-16).

그림 1-15 메타 사의 역사

출처: Meta HP(URL: https://about.facebook.com/company-info/)

그림 1-16 사용자를 참여시킨 서비스 확대의 구조와 어려움

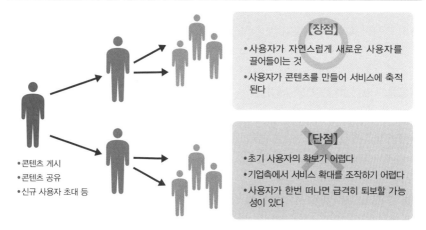

Point
- ✔ 메타버스를 생각할 때는 현재의 SNS 구조부터 이해해야 한다
- ✔ SNS는 메타버스와 마찬가지로 「사용자」와 「운영 회사」 양쪽이 필요
- ✔ 사용자를 끌어들이는 데 성공하면 서비스를 단숨에 확대할 수 있다

>> 메타버스와 UGC의 관계성

UGC란?

UGC(User Generated Content)라는 말을 아시나요? SNS나 블로그, 동영상 사이트 등에 게시되는 **기업이 아닌 일반 사용자가 게시한 콘텐츠**를 말합니다(그림 1-17). 이전 절에서 메타버스나 SNS에서는 「사용자」와 「운영 회사」의 공생 관계가 중요하다고 설명했는데 그중에서도 특히 중요한 요소가 이 「UGC」입니다.

먼저 UGC는 기업이 전하는 정보보다 더 신뢰받고 확산되기 쉬운 특징이 있습니다. 그리고 일반 사용자가 UGC를 만들어가는 구조를 갖추면 기업 측은 플랫폼을 유지하기만 하면서도 서비스를 확대할 수 있습니다.

예를 들어, 유튜브에서는 일반 사용자가 동영상을 게시하고 다른 일반 사용자가 이를 보는 구조로 이루어져 있습니다. 유튜브의 운영 측에서 동영상 콘텐츠를 만드는 것은 기본적으로 없습니다. 그러나 사용자의 게시를 통해 자연스럽게 서비스가 확산되고, 유튜브 운영 측은 기업의 광고 수익 등으로 자체 콘텐츠를 만들지 않아도 이익을 얻을 수 있게 되어 있습니다.

UGC형 서비스와 PGC형 서비스

또한, UGC와는 반대되는 의미의 말로 **PGC**(Professional Generated Content)라는 콘텐츠가 있습니다. 예를 들어, 비디오 스트리밍 서비스라고 하면 유튜브나 틱톡 외에도 넷플릭스와 같은 서비스가 있습니다. 유튜브나 틱톡은 누구나 동영상을 게시할 수 있는 UGC형 서비스지만, 넷플릭스에서는 전문가가 만든 영상작품만을 즐길 수 있습니다. 이렇게 **전문가가 만든 콘텐츠**를 「PGC」라고 합니다. 그리고 **메타버스**에서도 「UGC형 서비스」와 「PGC형 서비스」 양쪽이 있습니다(그림 1-18).

그림1-17 UGC란?

동영상 사이트에 게시

개인 블로그 글

SNS에 게시

EC에서의 리뷰

기업이 아닌 사용자가 제작한 콘텐츠

그림1-18 UGC형 서비스와 PGC형 서비스의 예시

예: 비디오 스트리밍 서비스

UGC   PGC

예: 메타버스 관련 서비스

UGC   PGC

Point
- ✔ UGC는 기업이 아닌 사용자가 제작한 콘텐츠를 말한다
- ✔ PGC란 전문가가 제작한 콘텐츠를 말한다
- ✔ 콘텐츠를 사용한 서비스에는 UGC형과 PGC형 두 가지 유형이 있다

메타버스를 분류해 보자

메타버스라고 하더라도 서비스마다 특징은 다양합니다. 게임이나 애플리케이션 등 다양한 메타버스 관련 서비스를 자신만의 해석으로 분류하고, 오리지널의 포지셔닝 맵을 만들어 보세요.

예를 들어, 다음과 같은 방법으로 메타버스 관련 서비스를 분류할 수도 있습니다. 두 축의 선택은 자유롭지만, 어떤 축을 선택하느냐에 따라 시장에서 공략할 수 있는 공간을 찾아낼 수 있습니다.

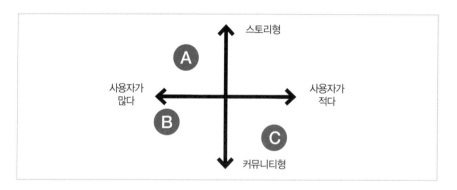

새롭게 메타버스 서비스를 전개하고 싶어 하는 기업 경영자라고 가정합니다. 여러 서비스를 실제로 비교하고 시장에서 아직 제공되지 않은 새로운 포지션을 조사해 보세요.

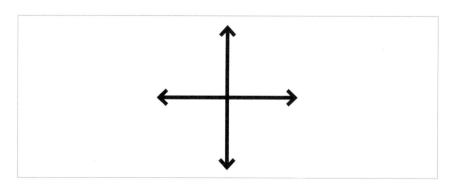

Chapter 2

GAFAM 및 게임 산업과 메타버스

메타버스를 둘러싼 시장 경쟁

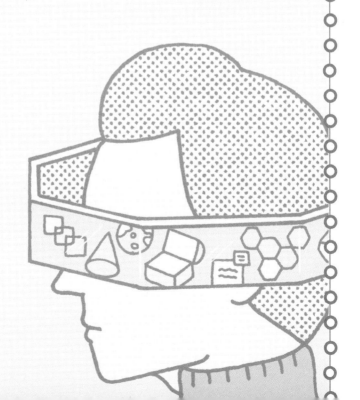

» 메타버스는 비즈니스로서 성립될 수 있을까?

메타버스 시장 규모

제1장에서 언급한 것처럼, 다양한 관련 서비스가 등장하고 있는 메타버스가 정말로 비즈니스로서 성립될 수 있는지 의문을 가진 분도 많을 것입니다. 메타버스의 역사를 되짚어보면 비즈니스로서의 수익화나 사용자의 유지 등 다양한 문제점도 지적되어 왔습니다.

메타버스에 관한 시장 예측으로 많은 기업들이 리포트를 발표하고 있습니다. 예를 들어 암호 자산 투자신탁의 대기업인 그레이스케일 사가 발표한 리포트에 따르면, 메타버스는 **연간 1조 달러**, 한화로 1300조 원의 **시장 규모**가 될 것으로 예측하고 있습니다(그림 2-1). 한국 국내 정보 통신 산업의 시장 규모가 약 525조 원인 것을 감안하면 메타버스 자체로 이러한 금액에 이르는 것의 놀라움을 이해할 수 있을 것입니다. 그러나, 이 시장 규모가 언제쯤 이루어질 것인지는 언급되어 있지 않으며, 단기적으로 메타버스가 이러한 시장 규모가 되는 것은 고려되지 않고 있습니다.

메타버스에서 진행되는 비즈니스

장기적으로는 연간 1조 달러의 시장 규모가 예측되고 있는 메타버스인데, 구체적으로는 어떤 비즈니스가 메타버스를 통하여 이루어질까요?

앞서 언급한 그레이스케일 사의 보고서에 따르면 메타버스 내에서는 「**디지털 이벤트**」 「**소셜커머스**」「**광고**」 등의 비즈니스와 메타버스에 관련된 「**하드웨어**」·「**소프트웨어**」 개발에 의해 시장이 활성화될 것으로 예상됩니다(그림 2-2).

또한, 지금까지의 온라인 게임이나 웹·SNS 등에서는 주로 수익을 얻는 것은 서비스 개발자이며, 사용자의 시간이나 노력은 수익으로 연결되지 못했습니다. 그러나 **메타버스의 세계에서는 사용자가 시간이나 자산을 투자한 디지털 자산을 직접 다른 사용자에게 판매할 수 있습니다.** 이 구조는 「Play to Earn」(놀면서 번다)이라고 불립니다.

그림 2-1 메타버스 시장 규모

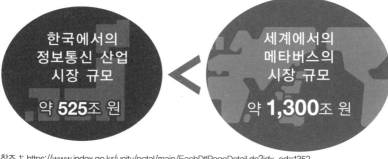

참조 1: https://www.index.go.kr/unity/potal/main/EachDtlPageDetail.do?idx_cd=1352
참조 2: https://www.istans.or.kr/su/newSuTab.do?scode=S343

 자동차 산업 약 138조 원

건설 산업 약 275조 원

외식 산업 약 179조 원

그림 2-2 메타버스의 관련 비즈니스

 디지털 이벤트

 소셜커머스

 광고

 하드웨어 및 소프트웨어 개발

Point

✔ 메타버스는 전 세계적으로 연간 1조 달러의 시장 규모가 예상된다

✔ 디지털 이벤트, 소셜커머스, 광고, 하드웨어 및 소프트웨어의 개발을 통해 시장이 활성화된다

✔ 사용자가 메타버스 내에서 디지털 자산을 만들고 수익을 창출하는 「Play to Earn」 시스템이 형성된다

≫ 메타버스는 어떻게 보급될까?

메타버스 관련 서비스의 경쟁 //

메타버스는 앞으로 매년 1조 달러의 시장 규모가 될 것으로 예상되지만, 보급까지는 현실적으로 여러 가지 장애물이 있습니다.

그중 하나가 사람들의 **「가용 시간」** 문제입니다. 「가용 시간」이란 개인이 자유롭게 사용할 수 있는 시간으로 하루 24시간 중 수면이나 일 등을 제외한 시간입니다(그림 2-3). 최근에는 SNS나 동영상 서비스, 게임 등의 디지털 콘텐츠가 인터넷에 넘쳐나면서 사람들이 가용 시간을 사용하는 것이 어려워지고 있습니다.

메타버스가 보급되기 위해서는 SNS나 동영상 서비스 등 다양한 디지털 콘텐츠로부터 **어떻게 사람들의 가용 시간을 빼앗아올지**가 중요해집니다.

메타버스의 확산 방법 //

메타버스 내에서는 앞으로 「일」, 「대화」, 「쇼핑」, 「게임」 등과 같이 현실 세계와 유사한 생활을 할 수 있을 것으로 기대됩니다. 그러나, 현실 세계와 같은 서비스가 갑자기 등장해서 사람들 사이에 확산되는 것은 어려울 것입니다.

「메타버스의 확산 방법」으로는 현재 이미 인기를 모은 SNS 등의 서비스와 마찬가지로, 제한된 기능으로 **초기 사용자**를 확보한 후 **다양한 기능이 추가되면서 사용자도 늘어나게 됩니다**(그림 2-4).

예를 들어, 현재 인기 있는 SNS인 인스타그램은 간단한 사진 편집 앱으로 서비스를 시작했습니다. 그 후 다양한 기능이 추가되면서 사용자가 확대되고, 현재는 온라인 쇼핑과의 연동 등 비즈니스 용도로도 활용되는 서비스가 되었습니다.

그림 2-3 일반적인 사람의 가용 시간과 가용하지 않은 시간의 예시

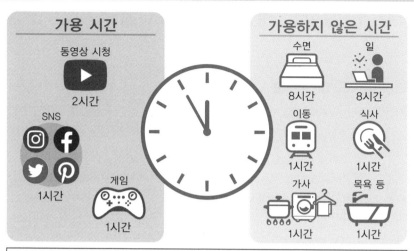

메타버스가 보편화되기 위해서는 어떻게 하면 개인들의 여유 시간을 끌어모을 수 있는지가 중요

그림 2-4 서비스가 확장되는 구조

초기 사용자의 확보

Designed by Freepik

구체적인 니즈에 대응하는 한정된 기능을
개발하여 초기 사용자를 확보한다

사용자의 확대

다양한 니즈에 대응할 수 있도록
기능을 확장하여 사용자를 확대한다

Point

✔ 메타버스의 보급을 위해서는 개인들의 가용 시간을 어떻게 확보할지가 중요

✔ 서비스가 확대되기 위해서는 먼저 초기 사용자를 확보해야 한다

✔ 초기 사용자를 확보한 후에는 다양한 기능 확장 등을 통해 사용자를 늘려나
가야 한다

» IT 산업 vs. 게임 산업 vs. 블록체인 산업

메타버스에 적극적인 산업군 //

장기적인 성장이 기대되는 메타버스 시장에는 어떤 기업들이 진출할까요? 현재 메타버스에 적극적으로 움직이고 있는 산업은 크게 3가지로 나눌 수 있습니다(그림 2-5).

먼저 **IT 산업**입니다. 메타 사나 마이크로소프트 사 등 **GAFAM**이라고 하는 기업들이 투자를 가속화하고 있습니다. 다음으로 **게임 산업**입니다. 『포트나이트』로 유명한 에픽게임즈와 『파이널판타지』로 유명한 스퀘어 에닉스 등이 있습니다. 마지막으로 **블록체인** 산업입니다. 일반적으로 블록체인 산업이라고 정의하기는 어렵지만 암호화폐나 블록체인 게임 등을 개발·제공하는 기업들도 메타버스에 적극적인 움직임을 보이고 있습니다. 『The Sandbox』를 운영하는 애니모카 브랜즈 사가 대표적인 예입니다.

각 산업의 접근 방식 차이 ///

다양한 기업들이 적극적으로 참여하기 시작한 메타버스 시장에서는 **업종마다 강점이나 노리는 시장의 위치가 달라집니다**(그림 2-6).

IT 산업의 대기업들은 거대한 자본력과 기존 서비스의 사용자 수, 지금까지 쌓아온 기술력을 활용하여 메타버스 시장을 차지하려고 합니다.

게임 산업의 기업들은 이미 3DCG를 사용한 온라인 가상공간을 게임으로 제공하고 있으며, 많은 사용자들도 가지고 있습니다. 이러한 자산을 활용하면서 게임 이외의 용도에도 사용될 수 있는 메타버스 관련 서비스를 전개할 것으로 예상됩니다.

마지막으로 블록체인 산업의 기업들은 암호화폐를 메타버스 내에서 사용할 수 있도록 하거나 블록체인의 구조를 이용한 메타버스까지 구축하려고 노력하고 있습니다. 메타버스와 블록체인 기술의 상성이 상당히 좋아 투자자들의 기대도 모으고 있습니다.

다음 절에서는 각 산업과 메타버스의 관련성에 대해 살펴보겠습니다.

그림2-5 메타버스에 적극적인 산업의 예시

IT 산업
예) 메타 사, 마이크로소프트 사

게임 산업
예) 에픽게임 사,
스퀘어 에닉스 사

블록체인 산업
예) 애니모카 브랜즈 사

그림2-6 각 업체의 강점과 포지셔닝

IT 산업	게임 산업	블록체인 산업
SNS나 IT 서비스 등으로 많은 사용자를 보유하고 있을 뿐 아니라, 대규모 자본력을 가지고 있으며, 적극적인 투자활동과 인재 채용을 통해 메타버스 시장을 노릴 수 있다	다수 참여형 온라인 게임 등을 개발해 온 노하우나 기존 게임의 사용자 수 등을 메타버스에서 그대로 활용할 수 있는 가능성이 있다	암호화폐나 NFT 등의 기술을 활용하여 메타버스 내에서의 경제 활동을 지원할 가능성이 있다. 또한, 지금까지의 게임 등과는 다른 새로운 시도가 기대된다

Point

✔ 메타버스 시장에는 크게 IT 산업, 게임 산업, 블록체인 산업의 3개 산업이 진출하고 있다

✔ 각 산업마다 강점은 다르며 각각 고유한 포지션을 노리고 있다

Chapter
2

GAFAM 및 게임 산업과 메타버스

≫ IT 산업과 메타버스

메타 사가 메타버스로의 투자를 가속화하는 이유

IT 산업에서 가장 **메타버스에 적극적으로 접근하는 기업으로는 페이스북에서 사명을 변경한 메타 사**입니다. 메타 사는 앞으로 몇 년간은 메타버스 관련 수익이 예상되지 않지만, 먼 미래에 걸쳐 큰 메타버스 시장이 형성될 것으로 예상하며 서비스 개발을 위한 큰 투자와 기업 인수를 진행하고 있습니다.

메타 사는 페이스북이나 인스타그램 **같은 SNS에서 많은 사용자를 확보하고** 있고, Meta Quest 시리즈라 불리는 **VR 기기의 판매**도 진행하고 있습니다(그림 2-7). 더불어 **호라이즌 월드**라는 VR 앱의 서비스도 시작하였습니다. 이 애플리케이션 내에서는 사용자 스스로 게임이나 이벤트를 만들 수 있으며, 애플리케이션 내에서 활동하는 크리에이터들에게 많은 투자를 실시할 예정입니다.

마이크로소프트 사는 비즈니스 용도에 강점

IT 산업에서 **마이크로소프트 사도 메타버스에 적극적인 태도를 보이고 있습니다.** 마이크로소프트는 OS인 「Windows」 시리즈나 Word 등의 「Office」 시리즈, 클라우드 서비스인 「Azure」 등 다양한 시스템과 서비스를 제공하는 기업입니다. 이렇게 **비즈니스용의 서비스로 기업 업무에 깊게 개입**하고 있는 것이 그들의 강점입니다.

또한 게임 기기 Xbox 시리즈의 개발과 판매도 하고 있어, 온라인 게임에 대한 기술과 노하우를 그대로 메타버스에도 활용할 수 있는 가능성이 높습니다. **MR 글라스인** Microsoft HoloLens 시리즈를 사용하면 현실 세계에 3DCG나 문자의 정보를 표시하게 할 수도 있습니다.

마이크로소프트는 그들의 다양한 서비스와 기술을 메타버스에 결합하여 독자적인 솔루션을 제공할 것입니다(그림 2-8).

그림 2-7 메타의 강점

Meta Quest 시리즈의
VR 디바이스

VR 앱의 서비스

페이스북, 인스타그램 등
SNS에서 많은 사용자를 보유함

고객 데이터와 고객 접점

그림 2-8 마이크로소프트의 강점

HoloLens 시리즈의
MR 글라스

Office 등
비즈니스용 서비스

Xbox 시리즈의
게임 하드웨어

Point
- ✔ IT 산업에서는 특히 메타 사와 마이크로소프트 사가 메타버스에 적극적
- ✔ 메타 사는 SNS나 VR 하드웨어 등 다양한 사용자 접점이 강점
- ✔ 마이크로소프트 사는 비즈니스를 중심으로 다양한 서비스가 강점

Chapter **2**

GAFAM 및 게임 산업과 메타버스

≫ 게임 산업과 메타버스

에픽게임즈 사는 포트나이트 외에도 강점이 있다

게임 산업에서는 **에픽게임즈(Epic Games) 사**가 메타버스에 특히 주력하고 있습니다. 해당 회사는 게임 『포트나이트』로 이미 많은 사용자를 보유하고 있어 현재의 게임 기능을 더 확장함으로써 서비스가 더욱 메타버스의 개념에 가까워질 것입니다.

또한 에픽게임즈 사는 언리얼 엔진이라는 **게임 엔진**을 개발·제공하고 있으며, 이 시스템은 다른 게임 회사에서도 사용되고 있습니다. 그러므로 다른 게임 회사가 메타버스 서비스를 개발하는 경우에도 간접적으로 에픽게임즈 사의 서비스가 관련될 가능성이 있습니다. 덧붙여 언리얼 엔진은 게임 이외의 현실 세계의 비즈니스에도 사용됩니다. 예를 들어, 자동차나 건설 설계의 시뮬레이션 등이 있습니다. 메타버스가 확대될수록 에픽게임즈 사의 존재감은 커져갈 것입니다(그림 2-9). 참고로 게임 엔진에 대해서는 4-2 절에서 자세히 설명합니다.

스퀘어 에닉스 사는 분산형 게임도 강화

일본 게임 회사인 **스퀘어 에닉스 사**도 메타버스에 적극적인 움직임을 보이고 있습니다. 『드래곤 퀘스트』나 『파이널 판타지』와 같은 인기 게임은 이미 온라인 게임으로도 전개를 진행하며 전 세계의 사용자를 확보하고 있습니다.

더불어 스퀘어 에닉스는 게임 회사가 게임의 스토리나 즐기는 방식을 결정해 판매하는 기존의 게임 시스템뿐만 아니라 블록체인 기술을 활용한 「놀기」「벌기」「교류하기」 등 각 사용자가 즐기는 방식을 고안할 수 있는 게임 개발에도 힘을 쏟고 있습니다. 이러한 게임은 **분산형 게임**이라고 하며, 메타버스와의 궁합 또한 좋습니다(그림 2-10).

그림 2-9 에픽게임즈 사의 강점

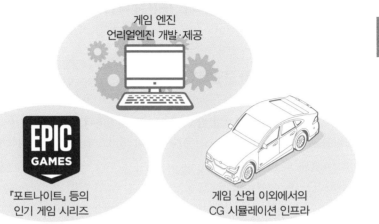

게임 엔진
언리얼엔진 개발·제공

『포트나이트』 등의
인기 게임 시리즈

게임 산업 이외에서의
CG 시뮬레이션 인프라

그림 2-10 스퀘어 에닉스 사의 강점

오프라인·온라인
양쪽의 노하우

『드래곤퀘스트』나
『파이널 판타지』 등의
인기 게임 시리즈

분산형 게임으로의 빠른
대처

Point

✔ 게임 산업에서는 에픽게임즈 사 등이 메타버스에 적극적

✔ 에픽게임즈 사는 『포트나이트』 외에 게임 엔진에도 강점이 있음

✔ 스퀘어 에닉스 사는 분산형 게임에도 적극적

≫ 블록체인 산업과 메타버스

앞으로의 성장에 기대가 큰 블록체인 산업

블록체인 산업를 하나로 묶는 것은 어렵지만, 해외 스타트업 기업들을 중심으로 **블록체인 기술과 메타버스를 결합한 서비스 개발이 진행되고 있습니다.** 이러한 것들을 결합함으로써 기업 중심이 아닌 사용자 중심의 서비스 확대가 기대됩니다.

구체적으로는 사용자가 메타버스 내에서 다양한 콘텐츠를 만들어 NFT로 판매하거나, 메타버스 내 아이템에 NFT로서 가치가 생길 수 있으며, 메타버스 내에서 실제로 돈을 벌 수도 있기 때문에 커뮤니티나 서비스가 자연스럽게 확대될 것 같다는 생각입니다(그림 2-11).

메타버스 X 블록체인에 도전하는 애니모카 브랜즈 사

메타버스와 블록체인 기술을 결합한 서비스를 제공하는 기업으로는 『The Sandbox』를 운영하는 **애니모카 브랜즈 사** 등을 들 수 있습니다. 이 회사는 **NFT와 블록체인을 결합한 다양한 서비스를 전개하고 있으며,** 거액의 자금 조달도 진행하고 있습니다.

이 회사의 특징은 게임 회사가 아닌 NFT와 블록체인의 구조를 중심으로 메타버스 서비스를 구축하고 있다는 점입니다(그림 2-12).

『The Sandbox』에서는 메타버스 내의 토지를 **암호화폐**로 구매하여 서비스에 참여할 수 있습니다. 그리고 아이템이나 아바타를 제작하거나 게임을 만들 수 있으며 이들을 NFT로 거래할 수도 있습니다. NFT로 거래한 물건은 재판매도 할 수 있고, 매출로 얻은 암호화폐를 현금으로 교환할 수도 있어 메타버스에서 놀면서 실제로 돈을 버는 플레이어도 등장하고 있습니다. 얼핏 보면 단순한 게임으로 보이지만 기존의 게임과는 구조가 크게 다릅니다.

그림 2-11 블록체인 X 메타버스로 할 수 있는 것

NFT 콘텐츠의
제작과 판매

메타버스 내
아이템 등의
NFT화

NFT를 통해
암호화폐나
현금을 번다

그림 2-12 애니모카 브랜즈 사의 강점

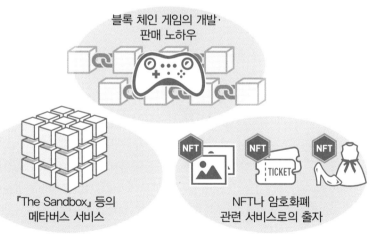

블록 체인 게임의 개발·
판매 노하우

『The Sandbox』 등의
메타버스 서비스

NFT나 암호화폐
관련 서비스로의 출자

Point

✔ 블록체인 X 메타버스를 활용한 서비스 제공 기업들이 등장하고 있다

✔ 애니모카 브랜즈 사는 다수의 블록체인 서비스를 운영

✔ NFT나 암호화폐 관련 서비스에 대한 투자도 진행하고 있다

≫ 메타버스를 지원하는 기업들

메타버스와 관련 없는 기업은 없을까?

지금까지 메타버스에 적극적인 자세를 보이는 기업군을 크게 3가지로 분류하여 소개해왔습니다. 그러나 물론 메타버스와 관련된 기업이나 산업은 이것이 전부가 아닙니다.

예를 들어 메타버스의 보급으로 VR 기기의 수요가 높아지면 VR 하드웨어를 제작하는 데 필요한 **반도체**의 수요도 증가할 것으로 예상합니다. 그 밖에도 메타버스가 보급되면 메타버스 내에서의 EC 비즈니스나 광고 비즈니스 등의 전개도 기대할 수 있습니다(그림 2-13).

주목을 끄는 NVIDIA

다양한 기업들이 메타버스 관련 서비스를 제공하게 되면서 메타버스를 구축하는 도구를 제공하는 회사의 비즈니스도 확장되어 갑니다. 예를 들어, 2-5 절에서 소개했듯이 게임 엔진인 언리얼 엔진을 개발하고 제공하는 업체인 에픽게임즈는 메타버스 관련 서비스가 실패하더라도 다른 성공적인 메타버스 관련 서비스가 언리얼 엔진으로 개발되어 있다면 회사의 이익으로 연결됩니다.

메타버스를 구축하는 서비스를 제공하는 기업으로는 **NVIDIA**라는 회사가 주목받고 있습니다. NVIDIA는 PC나 게임기 등에 사용되는 반도체를 제공하고 있으며, **메타버스 시장에 대한 관심과 함께 앞으로도 높은 수요를 유지할 것으로 예상됩니다.**

또한, NVIDIA는 「NVIDIA Omniverse」라는 개발 도구를 제공하고 있습니다. 이 도구를 사용하면 비교적 쉽게 3D 공간을 만들어 메타버스 구축이나 공장 시뮬레이션 등을 할 수 있습니다(그림 2-14).

이처럼 NVIDIA는 **반도체와 메타버스의 개발 도구를 제공하고 있어 메타버스를 배후에서 지원하는 기업으로 주목을 받고 있습니다.**

그림 2-13 메타버스를 활용할 수 있는 비즈니스의 예시

메타버스에서는 어떤 업계에도 기회가 있다!

그림 2-14 NVIDIA의 강점

Point

✔ 메타버스와 전혀 관련 없는 산업은 없다고 볼 수 있다

✔ 반도체 제조사인 NVIDIA는 메타버스와 함께 주목받고 있다

✔ NVIDIA는 메타버스 개발 도구를 제공하며, 다양한 기업과의 협업이 기대된다

» VTuber와 메타버스

VTuber는 메타버스에도 진출한다?

메타버스와 관련된 서비스가 보급되면 그 플랫폼 내에서 다양한 콘텐츠를 제공하는 기업이나 사용자도 늘어날 것입니다. 예를 들어, 「VTuber」라고 불리는 **「가상 유튜버」**도 메타버스 진출이 기대됩니다(그림 2-15).

VTuber는 2DCG 혹은 3DCG로 표현된 캐릭터의 아바타를 사용하여 유튜브 등의 동영상 스트리밍 사이트에서 동영상 게시물이나 생방송을 진행하는 방송인입니다. 기존에는 유튜브나 SNS 등을 활용하여 사용자와 커뮤니케이션을 유지했지만, 메타버스가 보급되면 VTuber가 **메타버스 공간에서 다양한 이벤트나 활동을 할 가능성**이 생길 것입니다.

VTuber와 메타버스의 호환성이 높은 이유

「메타버스」와 「VTuber」는 비즈니스적으로도 꽤 호환이 좋을 것으로 예상됩니다. 먼저 그 전제로 VTuber는 국내외에서 상당한 인기를 모으고 있습니다. 유튜브 내의 유료 댓글 기능인 슈퍼 챗에서는 전 세계 1위 VTuber가 10억이 넘는 **후원금**을 모으고 있습니다. 이러한 인기 VTuber가 메타버스 공간에서 이벤트를 개최한다면 전 세계에서 상당한 사용자가 모일 것입니다.

또한, VTuber는 CG로 만들어진 아바타의 모습으로 활동하지만, 팬이 볼 수 있는 것은 동영상 안에서 뿐입니다. VTuber가 동영상 이외의 장소에서 활동을 확대하려면 오프라인에서 이벤트를 개최하는 것은 어렵고 팬과의 교류 방법은 한정적이었습니다. 그러나 **VTuber가 메타버스 공간에서 이벤트를 개최하면 팬과의 접점이 늘어나 더 많은 팬과 깊이 연결되어 수익으로 이어지게 됩니다**(그림 2-16).

그림 2-15 VTuber란?

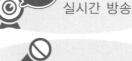

실시간 방송

노래를 부른다

춤을 춘다

게임 실황

VTuber란 주로 유튜브 등의
동영상 스트리밍 서비스에서
아바타로 방송하는 배포자

그림 2-16 VTuber의 수익 방법 예시

동영상 광고 수입
기업의 PR 안건

굿즈 판매나
이벤트

실시간 방송에서의
후원금

Point

✔ VTuber의 인기가 높아지면서 동영상 이외의 접점도 앞으로 중요해진다

✔ 메타버스를 활용하면 VTuber의 이벤트 개최 장벽도 낮아진다

✔ VTuber와 팬이 깊게 연결됨으로써 비즈니스 확대가 기대된다

2-9

플랫폼

>> 메타버스의 파도와 어떻게 마주해야 할까?

한국과 메타버스의 관계성

이 장에서는 메타버스와 관련된 비즈니스 환경 및 전 세계의 다양한 기업들에 대해 소개했습니다. 소개한 기업들 중에는 일본 기업도 포함되어 있지만 한국에서도 메타버스의 보급은 큰 기회입니다. 소개한 기업 이외에도 **국내에서 다양한 기업이 메타버스를 활용한 비즈니스에 참여하고 있습니다.**

국내의 기업이 메타버스에 적극적으로 참여해 나가는 배경으로는 크게 두 가지가 있습니다(그림 2-17). **첫 번째는 앞으로 성장 가능성이 높은 분야이며, 스마트폰의 보급과 마찬가지로 비즈니스 기회가 생길 수도 있다는 점입니다.** 그리고 두 번째는 **국내 게임 분야에서 나날이 놀라운 성장세를 보이고 있고, 메타버스에 거부감이 적은 데다 기업에서도 지금까지의 애니메이션이나 게임 개발의 노하우가 메타버스에도 활용할 수 있다는 점**이라고 볼 수 있습니다.

국내의 메타버스는 이제부터

전 세계의 기업들이 메타버스 시장에 도전하는 가운데 국내에서는 어떻게 메타버스를 진행해야 할까요? 아마 메타 사나 마이크로소프트 사 등 거액의 자금을 가진 해외 기업과 똑같은 방식으로 대응한다고 해도 성장에 한계가 있을 것입니다.

현재, 국내에서 메타버스 시장에 주력하고 있는 기업들은 각자의 강점과 한국의 강점을 살려 다양한 접근 방법으로 시장을 개척하려고 노력하고 있습니다. 「새로운 메타버스 **플랫폼**을 개발하자!」는 기업도 있고, 「플랫폼은 다른 기업에 맡기고 자사 콘텐츠로 승부하자!」는 기업도 있습니다. 노력하는 방법은 다양하지만 「메타버스」가 큰 비즈니스 기회임은 틀림없습니다(그림 2-18).

그림 2-17 기업이 메타버스에 주력하는 배경

스마트폰 이후의
비즈니스 기회

• 고성장을 이어가고 있는 게임 산업
• 게임 개발의 노하우 및 인기 작품이 많이 있다

그림 2-18 메타버스에 주력하는 국내 기업

게임
×
메타버스

애니메이션
×
메타버스

VTuber
×
메타버스

실시간 배포
×
메타버스

SNS
×
메타버스

등

Point
✔ 국내 기업들도 다양한 시각으로 메타버스 시장에 도전하고 있다
✔ 국내에서도 메타버스는 큰 비즈니스 기회이다
✔ 국내에서도 게임의 문화와 노하우가 있어 메타버스와 호환이 좋다

메타버스 기업의 비즈니스 분석을 해 보자

주가 변동 조사

예를 들어, 구글에서 「Meta 주가」를 검색하면 메타 사의 주가가 이전부터 어떻게 움직였는지를 그래프로 확인할 수 있습니다. 주가는 시장에서 기업의 평가를 나타내는 것이므로, 큰 변동이 일어난 시기에는 어떤 일이 일어났는지를 생각하며 분석해 보세요.

URL: https://www.google.com/search?q=Meta+%EC%A3%BC%EA%B0%80&oq=Meta+%EC%A3%BC%EA%B0%80&aqs=chrome..69i57j0i512j0i8i30l2.1497j0j15&sourceid=chrome&ie=UTF-8

결산 자료 보기

기업이 공개한 결산 자료도 비즈니스 분석에 도움이 됩니다. 메타 사와 같은 해외 기업은 자료가 영어로 되어있지만, 국내 기업이면 한국어로 알기 쉽게 설명되어 있습니다. 결산 자료를 보면 그 회사의 현재 상황, 미래성, 전략 등을 분석할 수 있습니다.

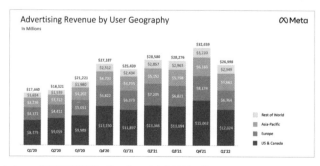

https://s21.q4cdn.com/399680738/files/doc_financials/2022/q1/Q1-2022_Earnings-Presentation_Final.pdf

Chapter 3

메타버스와 웹 3.0

블록체인 기술과 메타버스의 관계

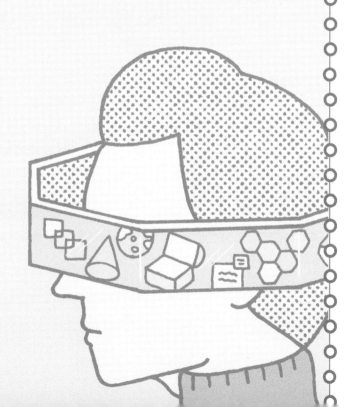

≫ 웹 3.0의 탄생

웹의 역사를 되돌아본다 //

웹 초기(1990년대), 특정한 관리자가 존재하지 않는(비중앙집중적) 개방적 사상 아래 인터넷이 구축되었습니다. 브라우저가 있으면 누구나 정보에 접근할 수 있었고, 그 정보가 표시되는 것은 누구에게도 컨트롤되지 않았던 시대입니다.

2000년대에 들어서면서 인터넷의 사상은 변화해 왔습니다. 애플리케이션을 장악한 거대 기술 기업들로 인해 누구나 수신 및 열람뿐만 아니라 정보를 발신, 공유할 수 있게 되었습니다. 또한, 열람자마다 다른 정보가 전달되는 등 플랫폼 측에서 열람 정보 등을 컨트롤할 수 있는 시대(중앙집중)가 되었습니다.

하지만 원래 암호 자산의 컨셉이었던 블록체인이 등장함으로써 **웹의 세계는 플랫폼 이 컨트롤하는 중앙집중이 아닌 관리가 존재하지 않는 분산형(비중앙집중)으로 이전 하기 시작했습니다.**

이 인터넷 세계가 거대 기술 이후 「제3단계」로 이전하는 움직임을 **웹 3.0**이라고 합니다(그림 3-1).

웹 3.0의 성장 요인 //

웹 3.0이 성장하는 배경에는 NFT(3-4 절 참조), 크리에이터 이코노미(3-5 절 참조), 분산형 자율 조직(DAO)(3-9 절 참조) 등 몇 가지 요인이 있습니다(그림 3-2).

이러한 것들은 블록체인 기술을 활용하여 형성되었으며, **지금까지 거대한 플랫폼이 지배해 왔던 권리 등을 개인 창작자가 되찾는 분산형(비중앙집중화)의 구조**라고 볼 수 있습니다.

메타버스가 이슈가 되는 이유 중 하나는 이 블록체인 기술을 활용한 새로운 분산형 웹 세계 때문입니다. 메타버스와 분산형의 웹 세계가 어떻게 관련이 있는지 다음 절 에서 소개하겠습니다.

그림 3-1	웹의 역사

웹 1.0

- 오픈형으로 비중앙집중
- 누구에게도 컨트롤되지 않는다

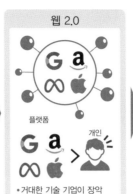

웹 2.0

플랫폼

- 거대한 기술 기업이 장악
- 웹이 중앙집중화되었다

웹 3.0

플랫폼

블록체인 기술을 통해 분산형 (비중앙집중)으로 이동

그림 3-2	웹 3.0이 활성화된 배경

NFT

작성자: OO씨
소유자: OO씨
거래 이력

크리에이터 이코노미

DAO

변조할 수 없는 규칙

블록체인

블록체인 기술을 기반으로 한 새로운 분산형의 웹 3.0이라는 세계

Point

✔ 웹 3.0은 블록체인 기술을 활용한 새로운 분산형 인터넷 세계이다

✔ 웹의 세계가 중앙집중화에서 분산형으로 이전하기 시작했다

✔ 웹 3.0에서는 플랫폼이 가진 권리 등을 개발 창작자가 되찾는 구조가 있다

Chapter

3

메타버스와 웹 3.0

≫ 블록체인의 기술

블록체인의 기본적인 구조 ///

블록체인은 거래 기록을 블록이라는 단위로 관리하고, 암호 기술을 사용하여 과거에서부터 연결된 1개의 사슬(체인) 형태로 기록함으로써 정확한 거래 기록을 유지하려는 기술입니다(그림 3-3).

하나의 블록은 대체로 거래 기록의 집합체, 각 블록을 연결하기 위한 이전 블록의 정보(해시), 해시 값을 일정한 조건에 맞게 조정하는 논스(nonce)로 구성되어 있으며 이러한 블록이 여러 개 연결된 것이 블록체인입니다.

해시란 데이터 통신 시 거래 데이터를 영숫자의 나열로 암호화하는 기술을 말하며, 암호화된 영숫자의 나열을 해시 값이라고 합니다. 해시 값에는 일정한 조건이 있습니다. 그 블록이 조건에 맞는 해시 값을 얻을 때까지 논스에 다양한 값을 넣어 계산합니다. 이 계산을 마이닝이라고 합니다.

분산형 시스템에서는 사용자끼리 직접 거래할 수 있다 ////////////////////////////

만약 데이터가 조금이라도 변조되면 전혀 다른 해시 값이 생성되기 때문에 모든 논스의 계산과 갱신이 필요합니다. 새로운 블록의 생성까지 변경이 따라 잡히지 못하는 것으로 인해 **블록체인은 사실상 변조 불가능**하다고 합니다.

변조할 수 없는 거래 내역은 특정 관리자가 존재하는 중앙집중형 시스템과는 다르게 **분산형 시스템**에서 관리됩니다(그림 3-4). 관리자는 없으며, 특정 서버에 기록되는 것이 아니므로 모든 이용자가 공유하고 감시합니다. **제삼자 기관 없이 사용자 간에 안전하게 직접 거래할 수 있다는 것**이 블록체인의 가능성이라고 할 수 있습니다.

그림 3-3 블록체인의 기본적인 구조

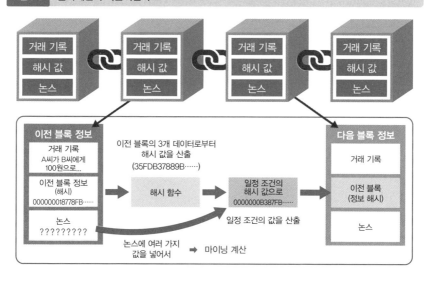

그림 3-4 중앙집중형 시스템과 분산형 시스템

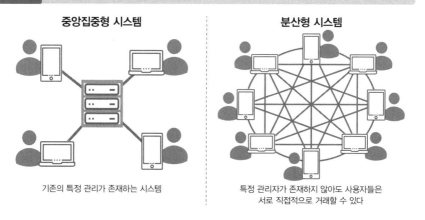

Point   ✔ 블록체인은 사실상 변조 불가능한 기술이다

✔ 변조할 수 없는 거래 내역은 중앙집중형이 아닌 분산형 시스템으로 관리된다

✔ 제삼자 기관 없이도 사용자들이 안전하게 직접 거래할 수 있다

≫ 이더리움의 구조

이더리움의 특징인 스마트 컨트랙트 //

이더리움은 암호화폐 자체를 가리키는 말이 아니라, **스마트 컨트랙트**라는 특수한 기능을 갖춘 플랫폼을 의미합니다. 이 플랫폼에서 사용되는 통화를 이더리움(ETH)이라고 합니다.

이더리움 플랫폼 상에서 분산형 애플리케이션을 구축하고 운영하여, 언제, 누가, 누구에게, 얼마를 지불했는지 등 암호화폐의 기본 거래 정보와 다양한 애플리케이션 프로그램의 기록과 실행을 할 수 있습니다.

스마트 컨트랙트는 이더리움의 대표적인 특징으로 이전에 수동으로 진행되던 계약을 블록체인 상에서 **자동으로 실행하는 시스템**입니다(그림 3-5).

블록체인의 변조 불가능한 특성을 활용하여 계약 기록을 블록체인에 기록하고, 사람의 개입 없이 높은 보안으로 계약을 할 수 있게 되었습니다.

분산형 애플리케이션(DApps)의 개발 //

이더리움 플랫폼 상에서는 분산형 애플리케이션(**DApps**)을 개발할 수도 있습니다.

DApps는「Decentralized Applications」의 약자로 블록체인을 이용한 비중앙집중형 애플리케이션을 말합니다. 스마트 컨트랙트를 기반으로 하기 때문에 블록체인 상에 기록 및 데이터 기록 등 중앙 관리자 없이 애플리케이션을 운용 및 관리할 수 있습니다. 데이터 변조를 할 수 없는 점, 운용 규칙도 이용자의 합의 하에 변경되는 등 기존 PC나 스마트폰의 애플리케이션과는 다른 점이 많이 있습니다(그림 3-6). 현재는 **NFT나 금융 분야를 중심**으로 DApps가 주목받고 있습니다.

그림 3-5 스마트 컨트랙트=계약(컨트랙트)의 자동화

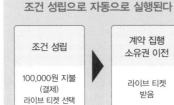

조건 성립으로 자동으로 실행된다

계약의 사전 정의	조건 성립	계약 집행 소유권 이전
가격 설정 100,000원 라이브 티켓	100,000원 지불 (결제) 라이브 티켓 선택	라이브 티켓 받음

전매 불가

그림 3-6 DApps와 일반적인 애플리케이션 비교

	일반적 애플리케이션 (PC·스마트앱)	DApps
관리 체제	중앙 집중 (개발자·기업이 관리)	분산형 (특정의 관리자는 없다) ※운용 규칙은 존재한다
데이터 수정	개발자·기업에서 데이터 수정은 가능	데이터 수정은 불가·변조 불가
운용 규칙의 변경	개발자·기업 측에서 변경 가능	이용자의 합의 하에 변경 가능
가동 정지	가동하지 않는 시간이 존재한다 (서버 유지 보수 등)	계속 가동한다

Point
✔ 이더리움은 스마트 컨트랙트라는 특수한 기능을 갖춘 플랫폼을 가리킨다
✔ 스마트 컨트랙트는 계약을 자동으로 실행한다
✔ 분산형 애플리케이션(DApps)은 NFT나 금융 분야에서 주목받고 있다

≫ NFT의 기초

NFT가 증명한 것 //

NFT는 Non-Fungible Token의 약자로, 직역하면 **비대체성 토큰**이라고 합니다. NFT는 이더리움 등의 블록체인 기술을 활용하여 개별 디지털 데이터에 식별할 수 있는 코드를 부여함으로써 디지털 데이터를 고유한 것으로서 판별할 수 있습니다. 다른 디지털 데이터와 구분할 수 있기 때문에 NFT는 **디지털 데이터의 소유권**이라고도 할 수 있으며, 웹 3.0의 중요한 포인트가 되고 있습니다.

지금까지 디지털상에 존재하는 데이터는 복제할 수 있으며, 디지털 데이터에 가치를 부여하는 것은 어려웠습니다. 하지만 NFT에 의해 디지털 데이터를 고유한 것으로 판별할 수 있고, 소유 증명을 할 수 있게 됨으로써 **디지털 데이터 자체가 가치를 가질 수 있게** 되었습니다(그림 3-7).

NFT를 통해 데이터가 유일무이한 가치를 가지게 됨 ////////////////////////////

블록체인 기술로 NFT는 디지털 데이터의 모든 거래 내역이 공개됩니다(그림 3-8). 어떤 디지털 데이터에서 언제 누가 제작해서 이전에 누가 소유하고 지금까지 얼마에 거래되어 왔는지 등 각각의 디지털 데이터는 서로 다른 속성을 가지고 있습니다. 속성 정보는 블록체인에 의해 변조가 매우 어렵다고 알려져 있습니다.

또한, 수요와 공급의 균형면에서도 이전에는 디지털 데이터의 공급을 제어할 수 없었지만 NFT가 유일무이성을 증명할 수 있게 되면서 **공급의 제어(한정적 수량)를 할 수** 있고 희소성이 증가하여 그 가치가 상승하고 있습니다.

NFT는 블록체인 상에서 소유 증명서를 기록하여 대체 불가능한(비대체성) 디지털 자산으로 볼 수 있습니다.

| 그림 3-7 | NFT에 의한 변화 |

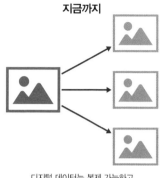

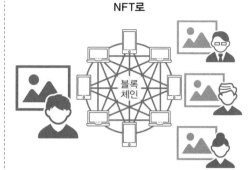

지금까지   NFT로

디지털 데이터는 복제 가능하고
가치를 갖는 것이 어려웠다

디지털 데이터를 고유한 것으로서 판별할 수 있고,
소유를 증명함으로써 가치를 가질 수 있게 되었다

| 그림 3-8 | NFT로 거래 내역이 공개된 유일무이한 디지털 자산 |

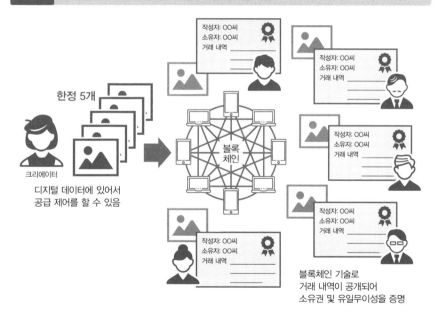

한정 5개

크리에이터

디지털 데이터에 있어서
공급 제어를 할 수 있음

작성자: ○○씨
소유자: ○○씨
거래 내역

블록체인 기술로
거래 내역이 공개되어
소유권 및 유일무이성을 증명

Point

✔ NFT는 디지털 데이터에 대한 소유권을 증명한다
✔ 디지털 데이터는 고유하고 독특한 가치를 가진다
✔ NFT를 통해 디지털 데이터의 공급을 제어할 수 있다

≫ 크리에이터와 NFT

NFT 거래로 일어난 변화 \\

블록체인 상에서 가치가 공개된 NFT 작품은 다양한 마켓 플레이스에서 거래가 활발해지고 있습니다. 작품 또한 예술, 음악, 사진, 이미지부터 메타버스에서 사용하는 아이템 등 다양한 디지털 자산이 NFT로 판매되고 있습니다.

블록체인 기술은 거래에서 크리에이터를 비롯한 제작 측에게 이점을 가져다주고 있습니다. 그 이유는 NFT 작품의 2차 유통 시장에서의 거래에 있어서도 일정 보수를 크리에이터 등의 제작 측에게 보상하는 체제가 구축되어 있기 때문입니다.

그동안 제작자는 작품이 팔린 때만 보상을 받았습니다. 그러나 NFT에서는 이후의 2차 유통(중고) 시장에서도 작품을 만든 크리에이터에게 로열티(수수료)가 계속해서 지불될 수 있습니다(그림 3-9). 이 체제는 **크리에이터나 아티스트의 경제 변혁**이라고 할 수 있으며, **크리에이터에게 지속적인 수익을 제공하는 구조**가 구축되었습니다.

또한, 큰 변화로는 누구나 크리에이터로서 판매할 수 있는 환경이 구축되었으며, 누구나 수익을 얻을 수 있게 되었고, **크리에이터 이코노미**(거대 플랫폼에 의존하지 않고 **팬과 직접적으로 연결하여 수익을 창출할 수 있는** 경제권의 움직임)가 존재한다는 것입니다.

NFT의 잘못된 인식 \\\

중요한 점은 NFT만 있어서는 가치가 생기지는 않는다는 것입니다. 많은 NFT 작품들이 가치를 인정받지 못한 채 계속해서 증가하고 있습니다.

NFT는 **디지털 자산의 소유를 증명하여 가치를 공개하고 거래할 수 있도록 했을 뿐이며, 가치를 부여한 것은 아닙니다**(그림 3-10).

투기적인 면모도 있는 NFT이지만 가치 있는 NFT인지를 판단하는 것이 중요합니다.

그림 3-9 2차 유통에서의 크리에이터로의 보상

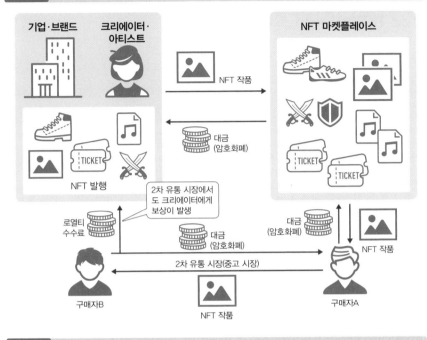

그림 3-10 NFT 자체가 가치가 아니다

NFT로 가치가 발생하기 쉬운 것

소유의 증명과 가치를 공개하여,
거래할 수 있는 상태로 만들었다

Point

✔ 2차 유통 시장에서도 제작자 측에 계속 수익이 발생된다

✔ 팬과 직접 연결할 수 있는 크리에이터 이코노미가 있다

✔ NFT는 소유권과 가치를 공개하여 거래할 수 있는 상태로 만든 것일 뿐, NFT 자체가 가치가 아니다

≫ 커뮤니티와 NFT

커뮤니티 참여권을 가진 NFT

메타버스가 화제가 된 이유 중 하나는 NFT가 다양한 디지털 데이터에 희소성과 유일한 가치를 증명할 수 있었기 때문입니다. 예를 들어, 『The Sandbox』라는 게임에서는 게임 내의 LAND(토지)가 NFT로 되어 있으며, 수량에 한계가 있어 LAND를 보유하지 않으면 토지의 소유자로 게임에 참여할 수 없습니다.

이처럼 희소성이 있는 NFT가 **커뮤니티의 참여권**이 되어 NFT의 가치가 더 올라가는 상황도 발생하고 있습니다. 또한 이벤트나 라이브에서는 NFT 티켓(회원증) 등이 참여권으로 활용되는 경우도 있으며, 앞으로도 NFT는 다양한 상황에서 전개될 것입니다(그림 3-11).

메타버스 상의 커뮤니티와 태스크

메타버스 내에서 매우 중요한 역할을 하는 것은 태스크입니다. 여기에서 말하는 태스크는 커뮤니티의 목적 그 자체와 목적을 달성하기 위한 행동을 의미합니다. 태스크는 게임에서 동료와 협력하여 플레이하거나, 좋아하는 아티스트의 라이브에 가거나, 자신의 컬렉션을 서로 보여주는 등 다양합니다. 이러한 태스크는 다양한 NFT 작품(의상, 무기, 티켓, 굿즈 등)과 관련됩니다(그림 3-12).

사람들이 모이는 목적과 행동(태스크)과 참여 권리나 의상(NFT 작품)이 커뮤니티를 형성하면서 동시에 커뮤니티를 육성하고 NFT의 가치를 높입니다. 태스크를 통해 메타버스에서 가족, 친구, 때로는 모르는 사람들과도 함께 즐기거나 대화할 수 있는 등 앞으로는 커뮤니티에서 일, 놀이, 연애 등 다양한 일이 일어날 것입니다.

거기에서는 현실 세계와 마찬가지로 사람들과 만날 때 옷을 입거나 자신을 드러내면서 가상공간에서도 아이덴티티가 확립됩니다.

그림 3-11 참여권을 가진 NFT

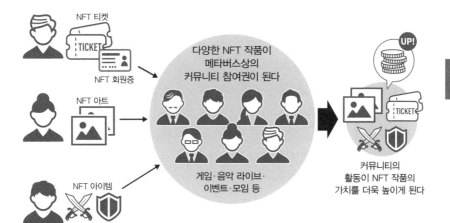

그림 3-12 커뮤니티와 다양한 형태로 관련된 NFT

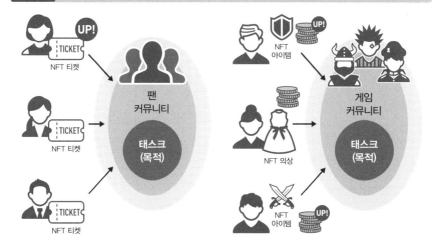

Point
- ✔ NFT는 커뮤니티 참여권을 가질 수도 있다
- ✔ 커뮤니티에서 중요한 것은 태스크이다
- ✔ 태스크와 NFT 작품들이 결합하여 커뮤니티를 형성하는 동시에 커뮤니티를 성장시키고 NFT 작품의 가치를 높이기도 한다

» 디지털 아이덴티티와 NFT

디지털 패션과 아이덴티티 //

우리가 외출하거나 사람들을 만날 때 옷을 입고 기분이 좋아지는 것과 비슷한 느낌으로 자신의 아바타도 다양한 의상이나 장신구를 착용합니다. 아바타가 디지털 옷이나 신발, 액세서리를 착용하고 패션을 즐기는 이러한 **디지털 패션**은 **새로운 산업으로 활발히 성장하고 있습니다.** 아바타가 입는 옷이 한정판으로 희귀하거나 유명 브랜드의 NFT 작품인 경우 등 디지털 패션에도 브랜드가 등장하기 시작했습니다(그림 3-13).

가상 세계에서 참여하는 커뮤니티의 TPO에 맞는 옷차림 선택, 액세서리 그리고 자신의 개성을 표현하는 수단으로서 메타버스 상의 **디지털 아이덴티티**와 디지털 패션은 크게 관련되어 있습니다.

메타버스 상에서의 나 ///

메타버스에서는 물리적인 제약 없이 자신을 표현할 수 있습니다. 현실 세계와 유사한 모습으로 가상 회의를 할 수도 있고, 현실과는 전혀 다른 모습으로 자신을 표현할 수도 있습니다. 참여하는 커뮤니티에 맞춰 자신(아바타)을 자유롭게 표현하게 될 수도 있습니다(그림 3-14).

앞으로 메타버스에서 다양한 활동이 이뤄질 때, 우리가 아바타를 또 하나의 자신이라고 가정할지 혹은 소중한 사람으로 가정할지 모르겠지만, 어느쪽이든 **아바타는 아이덴티티(정체성)가 존재합니다.**

물리적 제약과 육체적 자아로부터 해방되어 더이상 혼자가 아니게 되었을 때, 우리는 일상과 비슷한 것을 가상공간에서 추구하고, 현실에서 불가능한 것을 가상공간에서 표현하게 될지도 모릅니다.

그림 3-13 아바타와 패션

NFT 작품

아바타가 착용하는
브랜드 상품

커뮤니티

커뮤니티

메타버스에서 커뮤니티에 맞춘 옷차림 선택이나
자신을 표현하는 수단으로서 디지털 패션은 빠질 수 없습니다

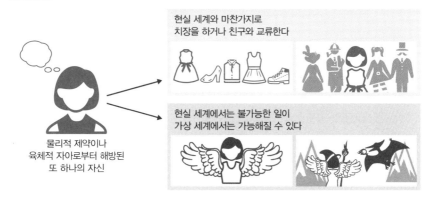

그림 3-14 아바타로 원하는 것

현실 세계와 마찬가지로
치장을 하거나 친구와 교류한다

현실 세계에서는 불가능한 일이
가상 세계에서는 가능해질 수 있다

물리적 제약이나
육체적 자아로부터 해방된
또 하나의 자신

- 아바타라는 한 사람의 인간이 가상 세계에 존재한다
- 「이것을 하고 싶다」 「저것을 좋아한다」라는 아이덴티티가 존재한다

Point
✔ 아바타에게 디지털 패션은 필수적이다
✔ 디지털 패션은 새로운 산업으로 크게 성장하고 있다
✔ 물리적 제약이나 육체적 자아로부터 해방된 또 하나의 자신(아바타)에게도
　아이덴티티가 존재한다

≫ 메타버스의 관계성

3가지 요소에서 본 메타버스

지금까지 NFT와 크리에이터, 커뮤니티, 디지털 아이덴티티에 대해 소개해 왔는데, 각각의 **요소**는 메타버스에서 상호 의존적인 관계에 있다고 말할 수 있습니다.

메타버스의 커뮤니티에서 다른 사람들과 함께 즐기거나 시간을 공유하는 태스크를 통해 커뮤니티에 맞는 옷을 선택하고, 이러한 NFT 작품이 2차 유통 경제로 존재하며, 계속해서 크리에이터에게 로열티가 지급됩니다. 이와 같이 3개의 요소가 얽히며 NFT 작품은 다양한 형태로 존재하게 됩니다(그림 3-15).

우리는 출근할 때 정장을 입고 캠핑을 갈 때에는 아웃도어 의상을 입습니다. 이 연장선에서 가상 세계에 갈 때는 아바타가 됩니다. 이제 이러한 것이 일상 속에서 자연스러워질 수도 있습니다(그림 3-16).

현실 세계와 메타버스

이렇게 아바타에서 활동하는 것이 자연스러워짐에 따라 **현실 세계와 가상 세계의 경계는 점점 흐려질 것**입니다.

NFT가 디지털 데이터에 소유 증명과 가치 공개를 가능하게 함으로써 지금까지 가상 세계에서는 불가능했던 것들이 가능해지며 **더욱 일상에 가까운 형태로 활용될 것입니다.**

가상 세계에서 할 수 있게 되었다고 해서 모든 것이 끝나지는 않습니다. 현실 세계와 가상 세계를 번갈아 사용하면서 더 편리하고 쾌적한 방향으로 이동할 가능성이 있습니다. 또한 가상 세계에서는 전통적인 조직 형태가 아닌 자율적으로 조직을 운영하는 새로운 조직 형태가 생겨나고 있습니다.

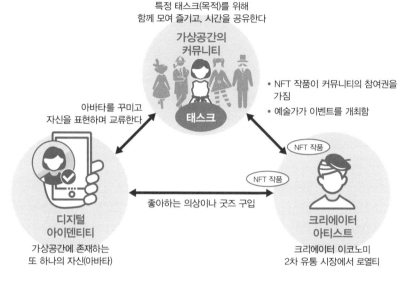

그림 3-15 3가지 요소의 관계성

특정 태스크(목적)를 위해
함께 모여 즐기고, 시간을 공유한다

가상공간의 커뮤니티

태스크

아바타를 꾸미고
자신을 표현하며 교류한다

• NFT 작품이 커뮤니티의 참여권을 가짐
• 예술가가 이벤트를 개최함

NFT 작품

NFT 작품

디지털 아이덴티티

가상공간에 존재하는
또 하나의 자신(아바타)

좋아하는 의상이나 굿즈 구입

크리에이터 아티스트

크리에이터 이코노미
2차 유통 시장에서 로열티

그림 3-16 아바타가 되는 것이 자연스러워진다!?

엔터테인먼트·일
회의·쇼핑 등

일
정장을 입는다

캠프
아웃도어용 복장

가상
아바타를 꾸민다

아바타로 가상공간에 들어가는 것이 일상생활에서 자연스러워진다

Point

✔ 현실 세계와 가상 세계의 경계가 사라지면서 앞으로 메타버스가 생활의 일부로 자연스럽게 들어갈 가능성도 있다

✔ 메타버스는 게임뿐만 아니라 일상과 가까운 형태로 존재할 가능성도 있다

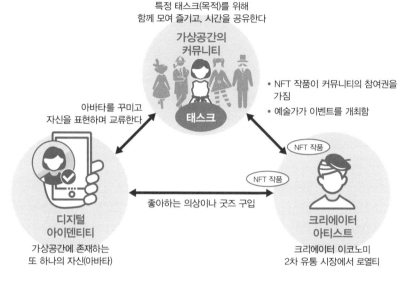

≫ 메타버스에서의 조직 형태의 변화

분산형 자율 조직(DAO)이란? //

DAO는 Decentralized Automous Organization의 약어로 **분산형 자율 조직**입니다. 지금까지 중앙집중식으로 관리되어 온 것에 반해, 분산형 자율 조직은 **일을 처리하거나 보상 인센티브 등을 중앙집중식이 아닌 분산식으로 운영하는 조직 형태**를 말합니다(그림 3-17).

자율이란 모두가 조직을 움직일 수 있는 구조가 있다는 의미입니다. 예를 들어, 프로젝트에 관련된 사람들이 금전적 보상을 받음으로써 자율적으로 조직이나 프로젝트 성공을 위해 노력합니다. 분산형은 수평적 관계의 중앙집중식 조직 형태를 가진다는 것입니다. 중요한 의사결정 등은 커뮤니티 내 투표를 기반으로 변경이나 추가될 수 있습니다.

DAO가 기능하는 이유 //

DAO가 이전보다 더 쉽게 도입될 수 있는 이유는 스마트 컨트랙트라는 블록체인 기술이 있기 때문입니다. 조직이나 커뮤니티의 중요한 규칙이나 거버넌스 등이 스마트 컨트랙트로 코드화되어 **변조할 수 없는 규칙으로 존재함으로써 인터넷상에서도 수평적 관계의 조직이 기능하게 되었습니다**(그림 3-18).

이렇게 서로 감시할 필요가 없는 상태를 트러스트리스(신뢰불필요)라고도 합니다. DAO는 웹 3.0의 세계에서의 프로젝트 운영 형태이며, **메타버스라 불리는 모든 가상 커뮤니티 내에서 DAO로 조직 운영이 이루어지는 경우도 있습니다.**

그림 3-17 지금까지의 조직과 메타버스에서의 조직 차이

지시형(중앙집중형) 조직

리더(관리자)의 지시를 바탕으로
조직이 움직인다

분산형 자율 조직

수평적 관계 안에서
각 멤버가 협조하여 자율적으로 조직이 움직인다

조직
커뮤니티

그림 3-18 블록체인에서의 변조할 수 없는 규칙

인터넷상에서의 수평적 관계가 기능한다

커뮤니티

변조할 수 없는
규칙

Point

✔ DAO(분산형 자율 조직)란 일의 진행 방식이나 보상 인센티브 설계 등이 비
중앙집권적으로 운용되는 조직 형태

✔ 변조할 수 없는 규칙이 인터넷상에서의 분산형 자율 조직을 기능하게 했다

✔ 메타버스 커뮤니티 중에는 DAO로 운용되고 있는 것도 있다

NFT 작품을 살펴보자

세계 최대의 마켓 플레이스인 OpenSea에서는 다양한 NFT 작품 거래가 이루어집니다. OpenSea에서는 누구나 NFT를 만들고 판매하고 구매할 수 있으며, CryptoPunks나 BAYC를 비롯한 세계적인 NFT도 취급합니다. NFT의 종류는 예술 작품, 게임 아이템 및 토지, 음악 등 다양합니다.

일단 OpenSea에 있는 NFT 작품을 직접 살펴보는 것이 좋습니다.

또한, 국내에도 몇 개의 NFT 마켓 플레이스가 있습니다. 함께 확인해 보세요.

- ◆ 카카오 https://klipdrops.com/
- ◆ 업비트 https://upbit.com/nft
- ◆ 빗썸 https://naemo.io/
- ◆ 코빗 https://nft.korbit.co.kr/
- ◆ 아프리카 TV https://www.aftmarket.tv/

만약 관심이 있다면 등록부터 판매 방법까지 인터넷에는 많은 기사가 소개되어 있으므로 그것들을 참고하면서 자신의 NFT 작품을 출품해 보세요.

Chapter 4

메타버스를 표현하는 그래픽

3DCG와 디자인으로 표현하는 세계관의 표현

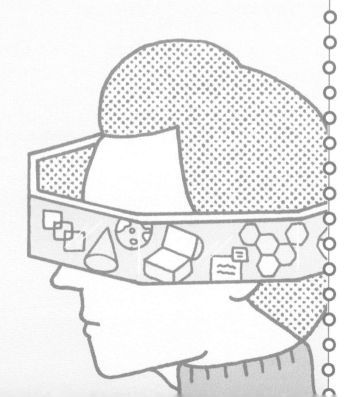

≫ 메타버스를 표현하려면?

메타버스의 애플리케이션화

이제부터는 조금 기술적인 내용입니다. 메타버스는 어떻게 만들어지는 걸까요?

메타버스는 **게임 플랫폼에서 게임으로 동작하거나, 웹 브라우저에서 웹 페이지로 동작하거나, 스마트폰이나 윈도우 등의 OS에서 동작하는 것**이 있습니다. 이러한 것들은 모두 **애플리케이션**으로 만들어집니다. 이 애플리케이션은 통합 개발 환경이라고 하는 다양한 툴로 만들어지며, 특히 유니티나 언리얼 엔진과 같은 3D에서의 멀티플랫폼을 지원하는 **게임 엔진으로 개발하기도** 합니다.

또한, 최근에는 앱리스(앱을 설치하지 않아도 사용할 수 있는 방식)의 관점에서 3D 표현을 위해 Three.js나 Babylon.js와 같은 **웹 프레임워크가 이용되는 경우**도 있습니다(그림 4-1).

그래픽을 통한 표현

다음으로 메타버스의 시각적인 부분에 대해 생각해 보겠습니다. 메타버스에서도 영화나 게임과 같이 "세계관"을 표현해야 합니다. 현실 세계에 존재하는 유명한 건물이나 자연이 만들어낸 웅장한 경치가 사람들을 매료시키듯이 메타버스에서도 편안함이나 설렘, 다양한 자극을 만들어내야 합니다.

메타버스는 현실 세계처럼 물리적인 제약이 없으며, 모든 것을 만들어 낼 수 있습니다. 그 시각적인 모습을 만들어 내는 기술이 CG 기술인데, 이 장에서는 3차원 정보를 가진 **3DCG** 기술로 구성된 것을 전제로 설명하겠습니다. 구성 요소로서는 공간의 구조물 등 CG 모델의 조형 작업, 색상이나 질감 등의 정보를 가진 텍스처 제작, 공간의 분위기를 만들어 내는 조명 등 많은 공정이 있습니다(그림 4-2).

그림 4-1 메타버스 앱의 개발 환경

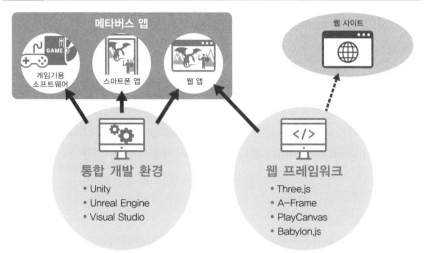

그림 4-2 가상공간의 CG적 요소

Point

✔ 메타버스 앱에는 게임기기, 웹, 스마트폰 등 다양한 것이 있다

✔ 개발에는 게임 엔진이나 웹 프레임워크 등이 이용된다

✔ 메타버스의 세계는 다양한 3DCG로 구성되어 표현된다

» 메타버스를 개발하는 기술

3D 게임을 개발할 수 있는 게임 엔진

게임 엔진이란 게임 개발에 자주 사용되는 기능 등이 미리 내장되어 있어 매우 효율적으로 게임 개발을 할 수 있는 소프트웨어입니다. Unity(Unity Technologies), Unreal Engine(Epic Games) 등이 특히 유명하며 다양한 게임이 제작되고 있습니다(그림 4-3).

유니티는 개발자 인구가 많고, 한국어로 된 정보가 많이 공개되어 있으므로 의지만 있다면 스스로 찾아가며 배울 수 있습니다.

언리얼 엔진은 실제와 같은 현실적인 그래픽을 표현할 수 있어 많은 유명한 게임 타이틀이 제작되었습니다. 이 게임 엔진의 개발원은 메타버스로 이름을 떨치는 『포트나이트』를 만든 에픽 게임즈입니다. 그러나 유니티와 비교하면 한국어로 된 정보가 적어 초보자가 독학으로 습득하기에는 약간의 장벽이 될 수 있습니다.

컴퓨터 그래픽으로 외관 표현

컴퓨터 그래픽스는 2D와 3D로 구분됩니다(그림 4-4). 2D는 깊이 정보가 없는 평면 데이터입니다. 메타버스의 몰입감을 생각할 때 CG라고 하면 3DCG라고 생각할 수 있습니다.

3DCG 소프트웨어는 많은데, 그중 유명한 것으로는 3ds Max, Maya, Cinema 4D, Blender 등이 있습니다. 특히 Blender는 라이선스가 무료이기 때문에 정보도 많고 초보자에게 유용한 소프트웨어입니다.

3DCG는 폴리곤이라는 다각형 면으로 구성됩니다. 다각형 수가 많은 것을 하이폴리곤이라 하고, 주로 영화에 등장하는 고정밀한 3DCG 영상으로 만들어집니다. 반대로 폴리곤 수가 적은 것을 로우폴리곤이라 하고, 실시간으로 그리기 처리를 하는 게임 기기나 스마트폰용으로 데이터 용량을 낮추기 위해 만들어집니다. 메타버스에서는 일반 PC나 VR 고글 등의 단말에서 그리기 처리를 하기 때문에 데이터 용량이 적은 로우폴리곤의 3DCG 데이터가 요구됩니다.

그림 4-3 유니티와 언리얼 엔진의 비교

초보자가 다루기 쉽다

Unity

• 다양한 플랫폼에 대응
• 한국어로 된 정보가 풍부

그래픽을 원한다면

Unreal Engine

Designed by Freepik

• 그래픽 성능이 높다
• 한국어 정보가 적다

그림 4-4 컴퓨터 그래픽의 종류

2D

깊이 정보가
없는
2차원 정보

3D

깊이 정보가
있는
3차원 정보

로우폴리곤

• 폴리곤(면)이 조잡하다
• 용량이 가볍다

하이폴리곤

• 폴리곤(면)이 정밀하다
• 용량이 무겁다

Point

✔ 메타버스는 유니티나 언리얼 엔진과 같은 게임 엔진으로 개발된다
✔ 3DCG 소프트웨어는 다양하지만 초보자에게는 블렌더가 인기있다
✔ 메타버스에서 사용되는 CG는 데이터 용량이 적은 로우폴리곤 데이터이다

≫ 메타버스의 기획 입안

메타버스는 도시 건설과 같다

메타버스는 1-1 절에서 설명한 것처럼 단순한 게임이 아닙니다. 커뮤니티가 있고, 아이덴티티가 있으며, 자아실현이나 사회적 기능이 있어야 메타버스라고 할 수 있습니다.

메타버스를 기획하는 것은 그러한 기능적인 측면과 재미의 양립입니다. 게임적인 요소나 교류할 수 있는 장소, 학교와 같은 교육, 아바타가 사는 주택, 착용할 패션도 필요합니다. 이로 인해 메타버스를 기획하는 것은 **도시를 만드는 것**과 본질적으로 같습니다(그림 4-5).

도시 자체에 매력을 창출하여 사람들을 모으고 계속 거주하도록 하는 구조가 필요합니다. 이를 위해서는 주민들에게 편안한 공간이어야 합니다.

아이디어를 기획으로 전환하기

메타버스를 기획하기 위해서는 **브레인스토밍** 등을 통해 떠오르는 대로 아이디어를 냅니다.

포스트잇에 아이디어를 적고 그룹화하여 정리하는 KJ법이나 메이저리거 오타니 쇼헤이 선수가 활용하여 유명해진 3×3의 격자에 아이디어를 적어 정리하고 아이디어를 확장하는 만다라트도 있습니다(그림 4-6).

메타버스에서는 현실 세계의 상업 시설과 같이 타깃을 좁혀가야 합니다. 그저 신기하다거나 왠지 재미있을 것 같다는 이유만으로 기획을 하면 안 됩니다. 또한 메타버스는 게임이나 애니메이션과 같은 콘텐츠에만 그치지 않기 때문에 **현실에서 필요한 "편리함" 및 "쾌적함"이 요구됩니다.** 그리고 그 안에서 누구의 어떤 삶이 존재하는지 상상해 보세요.

그림 4-5 메타버스의 도시 만들기 적인 요소

Designed by Freepik

Chapter
4

메타버스를 표현하는 그래픽

그림 4-6 아이디어 발상법

KJ법

만다라트

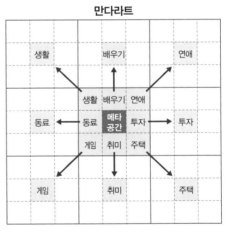

Point

✔ 메타버스를 기획하는 것은 도시 조성과 같다
✔ 생활 기능의 부족 또는 지루함을 방지하기 위해 다양한 요소가 필요하다
✔ 많은 아이디어를 도출하고 정리하는 것이 중요하다

» 기획서의 작성과 사양서

기획서에 적용시킨다

모든 아이디어가 다 나온 후에는 다음 단계로 **기획서**에 아이디어를 정리하여 담습니다. 기획서를 작성하는 것은 다른 사람들에게 이해시키기 위함뿐만 아니라 **머릿속에서 흩어져 있던 생각을 정리**하는 데에도 도움이 됩니다.

메타버스에서 무엇을 실현하고자 하는지, **테마와 컨셉**은 무엇인지, 세계관의 이미지나 어떤 아바타인지 등 게임적 요소를 포함한 디테일을 고려할지 기획서에 담아 나갑니다. 특히 테마와 컨셉은 확실히 정해 놓아야 할 사항입니다.

테마는 "주제"가 되며 기본적으로 1개입니다. 그 테마를 달성하기 위해 컨셉은 1개 이상이 필요하게 됩니다. 개념이 흐려지지 않도록 꼼꼼하게 결정해 나갑니다.

기획서에는 요점만을 1장의 용지에 정리한 것이나 프레젠테이션을 위한 슬라이드 자료 등 여러 가지 형태가 있으며 용도에 따라 사용합니다(그림 4-7).

사양서를 만든다

전체적인 구상이 결정되면 다음 단계는 **사양서**를 작성하는 것입니다. 사양서는 웹이나 애플리케이션 개발 현장에서 필요한 완성 이미지를 명확하게 보여주는 문서입니다.

메타버스는 일반적인 웹 사이트, 앱, 게임과는 다르게 정의가 애매한 부분이 있으므로 특히 주의가 필요합니다.

대응하는 하드웨어, 아바타 사양, 로그인 방법, 채팅 등 커뮤니케이션 기능의 사양도 세부까지 정리합니다. 또한 관리 측의 툴이나 멀티플레이 서버, 3DCG 디자인 등도 있어 공정은 여러 갈래에 걸칩니다(그림 4-8).

개발 현장에서 혼란이 생기지 않도록 정밀한 사양서가 작성됩니다. 또한 개발까지의 과정이나 구현 방법을 정리한 설계서라는 문서도 작성됩니다.

그림 4-7 기획서의 종류

테마: 전체적인 주제
컨셉: 테마를 이루기 위한 방향성

1장 기획서

타이틀: 메타스쿨
▪ 테마: 청춘을 즐기는 메타버스
▪ 컨셉: 공부와 스포츠를 겨루는 것

1장으로 이해하기 쉽도록 텍스트뿐만 아니라
그림 등을 사용한다

프레젠테이션용 기획서

기획서

새로운 메타버스 프로젝트

주제는 청춘을 즐기는 메타버스

전달이 잘 되는 슬라이드는 1 슬라이드에 1개의
메시지가 기본. 내용도 간단하게

그림 4-8 다양한 사양서

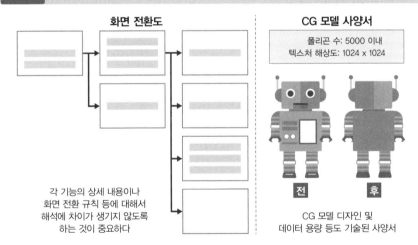

화면 전환도

각 기능의 상세 내용이나
화면 전환 규칙 등에 대해서
해석에 차이가 생기지 않도록
하는 것이 중요하다

CG 모델 사양서

폴리곤 수: 5000 이내
텍스처 해상도: 1024 x 1024

전   후

CG 모델 디자인 및
데이터 용량 등도 기술된 사양서

Point
✔ 아이디어나 계획이 흩어지지 않도록 꼼꼼하게 기획서로 정리한다
✔ 주제가 되는 테마와 이를 달성하기 위한 컨셉을 제시한다
✔ 기능이나 화면 전환 등 해석에 오류가 없도록 정확한 사양서가 필요하다

» 메타버스의 UX/UI

메타버스에서의 UX와 IT 리터러시의 벽 /////////////////////////////

UX(사용자 경험)는 제품이나 서비스를 통해 **사용자가 얻는 경험 그 자체**를 나타내는 말입니다. 「즐거운」「신나는」「기분 좋은」과 같은 긍정적인 경험을 만들기 위해서는 UX 디자인이 필요합니다.

메타버스에서는 스마트폰 게임조차 익숙하지 않은 사용자도 대상이 되는데, 아무래 도 인터넷 브라우저와 조작감이 다른 소프트웨어가 되기 때문에 보편화가 되기까지 IT 리터러시의 벽이 존재하는 것이 현실입니다.

하지만 친절하고 명확한 설명, 길을 잃지 않는 페이지 전환, 쾌적한 응답, 즐거움을 선사하는 아바타 및 커뮤니케이션 디자인 등을 수행한다면 어떤 사용자에게도 긍정 적인 경험을 제공할 수 있습니다. 또한 소프트웨어뿐만 아니라 VR 고글 등의 하드웨 어도 관련되어 있으므로 사용자가 연결 및 설정이 귀찮다고 생각하지 않도록 고민해 야 합니다(그림 4-9).

원활한 플레이를 위해서는 UI도 중요한 요소 /////////////////////////////

UI(사용자 인터페이스)는 **제품이나 서비스를 조작할 때의 외관적인 부분을 의미합** 니다. 전체 화면의 레이아웃이나 버튼 위치, 읽기 쉬운 글씨 등을 디자인합니다. 메 타버스의 UI는 일반적인 조작 화면과는 달리 3D 공간인 것이 큰 특징입니다(그림 4-10).

화면 크기나 비율과 같은 개념이 없이 자유롭게 디자인할 수 있는 반면, 사용자의 자 유도가 높아 중요한 버튼을 사용자가 놓치는 등 복잡한 UI를 만들기 쉽고 UX를 저 하시키는 원인이 될 수 있으므로 주의해야 합니다. 3D 공간에서의 UI는 게임 산업이 선도하면서 이해하기 쉬운 디자인 등이 보급되어 있지만, **넓은 의미에서의 메타버스 에서는 더 직관적인 UI가 필요합니다.**

그림 4-9 UX와 UI

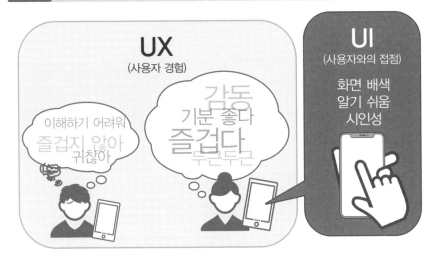

그림 4-10 메타버스의 UI

• 아바타가 헤매지 않고 매끄럽게 움직일 수 있는 공간 구조 디자인
• 채팅창이나 기타 기능의 메뉴 버튼을 자연스럽게 화면에 레이아웃

Point

✔ UX는 사용자가 얻는 경험 자체를 의미한다
✔ UI는 제품이나 서비스를 조작할 때의 시각적 요소를 의미한다
✔ 직관적이고 좋은 UI는 UX를 향상하는 포인트이다

≫ 메타버스의 공간 디자인

가상 건축가의 필요성

아바타가 이동하는 장소마다 공간이 있고 건물이 있습니다. 현실 세계와 마찬가지로 아바타로 체험하는 그 공간이나 장소는 의도적으로 디자인된 것입니다. 메타버스 세계에서는 물리 법칙이나 건축 규격법과 같은 제한이 없으며, 건축 재료의 수명이나 건축 규격법도 관계가 없습니다. 즉 자유롭게 아무런 제한 없이 디자인할 수 있습니다.

그렇다고 이제까지 전혀 본 적이 없는 이상한 형태를 표현한다면, 그것이 집인지 우주선인지 또는 이차원인지 삼차원인지 이해할 수 없어서 사용자는 혼란스러워집니다. 게임이나 영화 등에서는 초기 단계에서 디자인 이미지, 아이디어, 세계관 등을 일러스트로 미리 표현합니다. 이것이 컨셉 아트라고 합니다. 그리고 아바타의 생활 공간을 디자인하는 의미에서도 **건축가와 아티스트를 융합한 직종인 가상 건축가의 필요성이 높아지고 있습니다**(그림 4-11). 따라서 **메타버스에서도 현실 공간과 마찬가지로 기능성과 쾌적성이 뛰어난 공간이 필요합니다.**

플레이어의 즐거운 체험을 만드는 레벨 디자인

아바타의 생활을 디자인하는 데에도 **레벨 디자인**이 필요합니다. 현실 사회에서도 다른 사람들과의 경쟁과 레벨이 있고 보상이 있습니다. 게임성이 있다고 볼 수도 있습니다. 또한 플레이 중에 예상하지 못한 발견이 있으면 놀랍거나 즐거울 것입니다. 게임 제작 현장에서 이러한 방식으로 사용자의 레벨에 맞는 적절한 이벤트 설정이나 건물 등의 공간을 레이아웃하는 것을 레벨 디자인이라고 합니다.

메타버스 공간에서도 게임성을 잘 활용하여 **지루함을 느끼지 않게 하는 충실한 게임 디자인이 필요**합니다. 메타버스에서는 개인의 타고난 신체 능력 차이 등이 없이 모두 평등하지만 적절한 게임성과 누구나 긍정적이고 행복할 수 있는 공간으로 충분히 디자인되어야 합니다(그림 4-12).

그림 4-11 가상 건축가의 특징

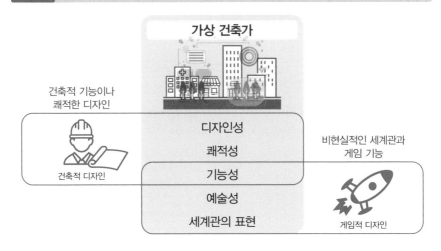

그림 4-12 레벨 디자인의 내용

레벨 디자인 = 플레이어의 즐거운 체험을 디자인한다

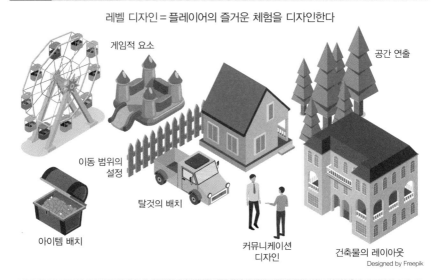

Designed by Freepik

Point

✔ 가상 건축가와 같은 디자인 직종의 필요성이 높아지고 있다
✔ 메타버스에도 현실 공간과 같이 기능성과 쾌적성이 뛰어난 공간이 필요하다
✔ 레벨 디자인으로 플레이어가 즐겁고 지루하지 않은 체험을 디자인한다

>> 아바타를 만드는 법

아바타가 되는 캐릭터 디자인

이 절에서는 메타버스의 주인공이 되는 아바타를 만드는 방법에 대해 살펴보겠습니다. 아바타가 되는 CG는 **캐릭터 디자인**부터 시작합니다. 캐릭터에는 얼굴과 체형부터 세계관과 개성까지 표현됩니다. 지금은 스마트폰 게임에서도 인간이나 로봇 등 다양한 캐릭터를 볼 수 있지만 메타버스의 세계에서는 패션과 마찬가지로 **자신의 아이덴티티를 표현하는 데** 사용됩니다.

사용하는 아바타는 자신의 사진에서 생성한 사실적인 모습이나 자신이 좋아하는 애니메이션 캐릭터나 동경하는 히어로의 모습도 좋습니다(그림 4-13). 일반적인 게임과는 달리 다양한 테마의 캐릭터가 존재합니다. **사용자는 여러 개의 아바타를 소유하고, 외출하는 장소나 기분에 따라 옷을 바꾸는 것처럼 패션 아이템으로 아바타를 사용하게 됩니다.**

폴리곤 모델링과 캐릭터 설정

3DCG를 구체적으로 만드는 방법으로 Maya나 Blender와 같은 3DCG 소프트웨어를 사용하여 3D 캐릭터를 만듭니다. 공간이나 배경 등도 기본적으로 만드는 방법은 같으며, **폴리곤 모델링**이라는 기법이 일반적입니다. 3개 이상의 점으로 연결된 면이 폴리곤이며, 면이 모여 입체 형상이 됩니다.

캐릭터 디자인을 가이드로 설정하여 간단한 상자 모양의 폴리곤을 조금씩 캐릭터 모양으로 조정합니다. 다음으로 텍스처라는 이미지로 피부나 옷 등의 표면 색상이나 질감을 나타내는데, 이 공정을 텍스처 매핑이라고 합니다. 여기까지만 해도 움직이지 않는 인형의 상태입니다. 3D 캐릭터에 CG 뼈대를 넣어서 관절 등을 움직일 수 있도록 하는 과정인 리깅(또는 셋업)을 거쳐야 합니다(그림 4-14). 이러한 것들은 3DCG 전문 기술이므로 일반인이 만들기는 어렵습니다.

그림 4-13 다양한 아바타 디자인

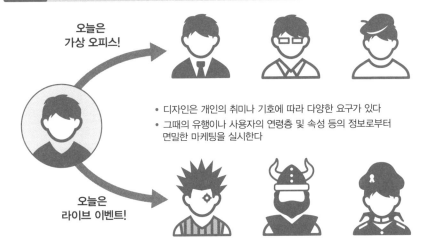

오늘은
가상 오피스!

오늘은
라이브 이벤트!

- 디자인은 개인의 취미나 기호에 따라 다양한 요구가 있다
- 그때의 유행이나 사용자의 연령층 및 속성 등의 정보로부터 면밀한 마케팅을 실시한다

Chapter

4

메타버스를 표현하는 그래픽

그림 4-14 3D 캐릭터 모델링

❶
폴리곤의 조합으로
형상을 만들기

❷
색상과 질감을 가진
텍스처 데이터를 만들기

❸
캐릭터를 움직일 수 있도록
뼈대와 관절을 설정하기

Point

✔ 아바타 디자인은 메타버스에서 개성을 표현한다
✔ 아바타는 다양한 디자인이 있으며 용도에 따라 사용한다
✔ 아바타는 3DCG의 폴리곤 모델링으로 만들어진다

≫ 아바타의 감정 표현

논버벌 커뮤니케이션의 중요성

사람간의 커뮤니케이션에서는 **논버벌 커뮤니케이션**(nonverbal communication), 이른바 비언어적 의사소통이 중요하다고 알려져 있습니다. 우리는 평소 상대의 목소리나 표정, 시선, 몸짓과 같은 시각에서 얻을 수 있는 정보를 의지해 소통합니다. 메타버스의 커뮤니케이션에서는 **헤드 마운트 디스플레이에 내장된 시선 트래킹으로 얻은 눈의 움직임이나 입모양을 추적하여 자신의 표정을 아바타에 반영시킬 수도 있습니다.** 또한 손에 들고 있는 컨트롤러를 사용하여 몸짓이나 손짓 등의 동작도 상대방에게 전달할 수 있습니다(그림 4-15).

헤드 마운트 디스플레이를 사용하지 않고 PC나 스마트폰을 사용하여 아바타를 조작하는 경우에는 버튼 조작에 의한 스탬프 기능이나 몸짓, 손짓 등이 미리 패턴화되어 애니메이션으로 재생되는 기능을 통해 비언어적 커뮤니케이션을 할 수 있습니다.

아바타 데이터

현재의 메타버스는 아직 여명기이며, **아바타 데이터의 세계적인 표준 같은 것은 아직 없습니다.** 예를 들어, 메타 사의 메타버스 앱인 호라이즌 월드(Horizon Worlds)에서는 미리 제공된 아바타를 사용할 수 있으며, 미국의 소셜 VR 플랫폼인 VRChat에서는 자체 제작한 아바타를 업로드할 수 있지만 어느 정도의 CG 제작 기술이 필요합니다.

VRM과 같은 표준 형식이 보급되고 있지만, 모든 감정 표현이나 세밀한 제스처와 같은 애니메이션은 플랫폼에 대응하지 못하고 있습니다(그림 4-16).

표준으로 비언어적 커뮤니케이션이 가능해지려면 아직 시간이 걸릴 것으로 보입니다.

그림 4-15 VR 기기에서의 트래킹

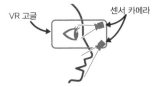

VR 고글

센서 카메라

센서로 눈의 움직임, 입의 움직임을
트래킹

다양한 표정을 재현할 수 있다

손에 든 컨트롤러로
손의 움직임을 트래킹

제스처 표현을 할 수 있다

그림 4-16 아바타 데이터의 호환성

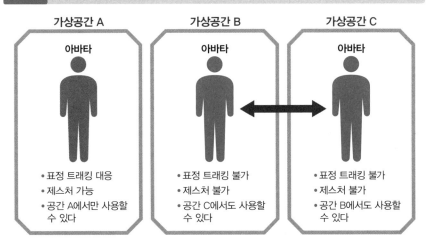

가상공간 A

아바타

- 표정 트래킹 대응
- 제스처 가능
- 공간 A에서만 사용할
  수 있다

가상공간 B

아바타

- 표정 트래킹 불가
- 제스처 불가
- 공간 C에서도 사용할
  수 있다

가상공간 C

아바타

- 표정 트래킹 불가
- 제스처 불가
- 공간 B에서도 사용할
  수 있다

Point

✔ 커뮤니케이션은 비언어적 커뮤니케이션이 중요하다

✔ 센서 등으로 표정을 읽고 아바타와 연동할 수 있다

✔ 아바타 데이터의 호환성은 아직 과제가 많은 것이 현상태이다

≫ 실시간 렌더링과 로우폴리

렌더링이란?

렌더링이란 원본 숫자 데이터를 처리하거나 연산하여, **그래픽으로 보여주는 것**을 말합니다. 3DCG에서의 렌더링은 크게 두 가지로 나눌 수 있습니다. 첫 번째는 고정밀 폴리곤 모델을 이용하여 오랜 시간 처리를 통해 렌더링을 수행하고, 영화 등에서 사용되는 고정밀한 영상을 만드는 프리 렌더링입니다. 두 번째는 게임 등 플레이어가 조작한 캐릭터나 배경을 처리 시작과 거의 동시에 생성하여 화면 표시를 실시하는 **실시간 렌더링**입니다(그림 4-17).

메타버스는 사용자의 조작과 동시에 화면을 생성해야 하기 때문에 후자의 실시간 렌더링을 사용합니다. 또한 게임기와 같은 특정한 것이 아닌 폭넓은 단말에서 이용할 수 있으므로 처리에 부담이 없는 가벼운 데이터가 요구됩니다. 이 가벼운 3D 데이터를 로우폴리곤 모델(줄여서 **로우폴리**)이라고 합니다.

메타버스에서는 사용되는 로우폴리곤 데이터

할리우드의 SF 영화에서 볼 수 있는 실사와 같은 고해상도 CG를 하이폴리라고 하는데, 로우폴리는 그와 반대로 **데이터를 가볍게 하기 위해서 폴리곤의 수, 색상, 질감 정보가 담긴 텍스처의 용량 제한을 받습니다.** 용량을 가볍게 하기 위해서 보이지 않는 부분은 제외하고 얼굴이나 체형과 같이 명확한 부분을 강조하여 특징적으로 그려진 캐릭터적인 CG가 되는 경향이 있습니다(그림 4-18).

적은 데이터 용량으로 개성을 표현해야 하는 로우폴리 작성은 하이폴리곤 모델보다 기술적으로 어려울 수도 있습니다.

메타버스에서는 전 세계의 크리에이터가 디자인한 로우폴리의 아바타나 예술 작품 등 다양하고 개성 넘치는 디자인을 접할 수 있습니다. 이전 장에서 언급한 NFT화로 인해 희소성이 부여된 데이터도 등장하고 있습니다.

그림 4-17 렌더링의 종류

프리 렌더링

- 영화 필름에 한 장면씩 기록하는 이미지
- 한 연속적인 동작을 화면에 표시할 때까지 시간이 오래 걸린다

실시간 렌더링

- 상호작용적인 게임 화면의 이미지
- 플레이어의 조작에 맞춰 즉시 이미지를 그린다

Chapter 4 메타버스를 표현하는 그래픽

그림 4-18 하이폴리와 로우폴리의 비교

하이폴리

- 정확하고 현실적인 질감을 보여준다
- 흔들리는 모발 등의 표현이 가능
- 가까이 다가가도 정밀

데이터가 무겁고, 실시간 렌더링에는 부적합

언뜻 보기에는 같은 것으로 보여도....

로우폴리

데이터가 가볍고, 실시간 렌더링이 가능

- 정밀하지 않은 표현
- 물리 시뮬레이션에는 부적합
- 가까이 다가가면 섬세하지 못한 데이터

Point

- ✔ 렌더링이란 그래픽의 외관을 생성하는 것이다
- ✔ 메타버스나 게임에서는 실시간 렌더링이 이루어진다
- ✔ 실시간 렌더링을 하려면 용량이 가벼운 로우폴리로 CG를 만들어야 한다

메타버스 아이디어를 내보자

이 장에서 소개한 만다라트법으로 메타버스에 대한 아이디어를 정리해 보세요.
만다라트는 이마이즈미 히로아키에 의해 고안된 발상법 중 하나입니다.

오른쪽의 작은 정사각형 중앙에 깊이 파고들고자 하는 주제를 하나 적습니다. 그리고 그 주제와 관련된 단어를 8개 채워 넣습니다. 그리고 그 8개의 단어를 더 큰 바깥쪽의 정사각형 중심에 적고, 또 관련된 단어를 기입하면서 이를 반복함으로써 생각을 심화시켜 나가는 것입니다.

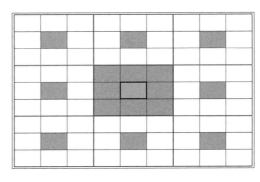

메타버스의 주제를 결정하고 상상해 보자

메타버스의 아이디어가 나왔다면, 해당 아이디어의 주제와 컨셉을 키워드로 추출해 보세요. 이를 그림으로 표현하면 더 구체화됩니다.

테마 :

컨셉 :

〈컨셉 이미지〉 ※자유롭게 그림을 그려보세요

Chapter 5

메타버스를 만드는 프로그래밍

플랫폼에 따른 개발 기법의 차이

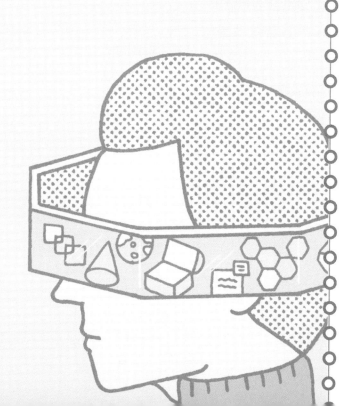

≫ 메타버스를 만들기 위한 프로그래밍

컴퓨터를 구성하는 요소

메타버스는 PC나 스마트폰 등의 다양한 컴퓨터에서 동작하고 있습니다. 다양한 컴퓨터에서 동작시키기 위해서는 어떤 방식으로 프로그래밍을 해야 할까요?

실은 모든 컴퓨터는 제어, 연산, 입력, 기억, 출력이라는 다섯 가지 기능을 갖추고 있습니다. 이를 **5대 기능**이라고 합니다(그림 5-1).

또한 5대 기능을 포함하여 **컴퓨터를 물리적으로 구성하는 모든 요소를 하드웨어라고 합니다**. 5대 기능을 알면 프로그램 명령은 크게 [입력하라][기억하라][연산하라][출력하라]의 4종류만 있는 것을 알 수 있습니다.

이 4종류의 명령을 목적에 맞게 기술하는 것이 프로그래밍입니다.

프로그래밍을 왜 하는가?

하드웨어는 컴퓨터에 필요한 기능을 갖춘 것에 불과합니다. **하드웨어를 작동시키기 위한 동작을 지시하는 것이 소프트웨어입니다.** 소프트웨어는 컴퓨터에서 애플리케이션이 작동하는 환경을 만드는 **OS**(기본 소프트웨어)와 OS 이외의 소프트웨어인 **애플리케이션**으로 분류됩니다(그림 5-2).

만들어진 애플리케이션은 OS가 하드웨어와의 매개 역할을 하여 **같은 OS라면 다른 하드웨어를 사용하는 경우에도 동작합니다.** 만약, 모든 컴퓨터가 같은 OS로 동작한다면 하나의 애플리케이션으로 완결될 수 있지만, 다양한 OS가 있으므로 사용하는 OS에 맞는 프로그래밍 언어를 사용하여 애플리케이션을 만들어야 합니다.

그림 5-1 컴퓨터의 5대 기능

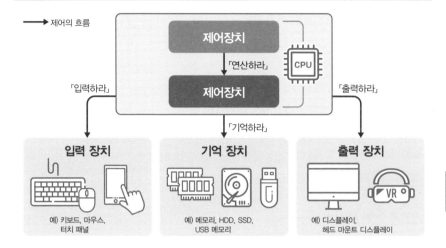

→ 제어의 흐름

제어장치

「연산하라」 CPU

제어장치

「입력하라」 「기억하라」 「출력하라」

입력 장치

예) 키보드, 마우스, 터치 패널

기억 장치

예) 메모리, HDD, SSD, USB 메모리

출력 장치

예) 디스플레이, 헤드 마운트 디스플레이

그림 5-2 하드웨어와 소프트웨어의 분류

컴퓨터

하드웨어

컴퓨터를
물리적으로
구성하는 모든 요소

소프트웨어

OS

애플리케이션

• 하드웨어를 움직이게 하기 위한 동작을 명령한다
• 하드웨어의 안에서 움직이는 것은 소프트웨어
• 소프트웨어는 OS와 애플리케이션의 2종류로
 구분된다

Point

✔ 컴퓨터는 반드시 5대 기능이 갖춰져 있다
✔ 컴퓨터는 하드웨어와 소프트웨어로 구분된다
✔ 같은 운영체제(OS)라면 다른 하드웨어를 사용해도 애플리케이션이 동작한다

Chapter 5

메타버스를 만드는 프로그래밍

≫ 데스크톱 앱 개발

PC용 애플리케이션 //

PC 안에서 작동하는 애플리케이션을 **데스크톱 앱**이라고 합니다(그림 5-3).

데스크톱 앱의 특징은 사용하는 앱과 PC 내의 OS가 맞으면 하드웨어에 무관하게 동작한다는 것입니다. 현재 가장 많은 사용자 수를 보유한 메타버스 앱 중 하나인 「VRChat」도 데스크톱 앱입니다.

데스크톱 앱의 특징 //

현재 대부분의 VR 고글과 같은 하드웨어는 PC에서 동작합니다. 데스크톱 앱의 장점으로는 메타버스 세계에서 헤드 마운트 디스플레이와 같은 **XR 하드웨어를 사용하려는 경우, 다른 앱 환경보다 비교적 쉽게 연동시킬 수 있다는 것입니다.** 또한 하드웨어를 세밀하게 제어하려면 OS별 보안 문제가 발생할 수 있지만 데스크톱 앱은 상대적으로 유연하기 때문에 쉽게 조작할 수 있습니다.

또한 **고성능 PC만을 대상으로 할 수 있다면 다른 환경보다 더 풍부한 3D 표현을 할 수 있으며, 현실에 가까운 세계관이나 화려한 연출을 표현할 수 있습니다.**

하지만 단점도 있습니다. 데스크톱 앱을 동작시키려면 설치 또는 복사 작업이 필요합니다. 실제 개발에서 데스크톱 앱을 채택하는 경우 설치 또는 복사를 시행해야 하는 장벽을 고려해야 합니다(그림 5-4). PC에서 동작하도록 설계되어 있기 때문에 **OS에 크게 의존하며, 다른 OS에서는 기본적으로는 동작하지 않습니다.** 다른 OS에서 동작시키려면 해당 OS에 맞게 별도로 제공해야 합니다.

그림 5-3   데스크톱 앱을 동작시키려면?

인터넷, CD 등으로부터
애플리케이션의
데이터를 입수한다

컴퓨터 내에
설치/복사한다

Chapter
5

메타버스를 만드는 프로그래밍

그림 5-4   데스크톱 앱의 장점 · 단점

【장점】

• XR 계열 하드웨어를 세밀하게 조작할
  수 있다

• 오프라인에서도 사용할 수 있다

• 컴퓨터 내에 데이터를 저장할 수 있
  으므로 외부에 데이터를 맡기지 않고
  사용할 수 있다

【단점】

• 설치나 복사 작업이 필요

• 업데이트를 원하는 경우 설치나 복사
  작업이 필요

• 다른 OS에서는 기본적으로 동작하지
  않음

• 애플리케이션의 크기만큼 저장 공간
  이 없으면 설치나 복사를 할 수 없다

Point

✔ XR 계열 하드웨어를 동작시키고 싶으면 데스크톱 앱이 후보가 될 수 있다

✔ 고성능 PC라면 풍부한 3D 표현을 할 수 있다

✔ OS에 크게 의존하기 때문에 다른 OS용으로 만들어진 앱에서는 동작하지 않
  는다

≫ 스마트폰 앱 개발

스마트폰용 애플리케이션

스마트폰은 점점 발전해 왔습니다. 지금은 스마트폰만 있으면 PC만큼은 아니지만 대부분의 일을 할 수 있게 되었습니다. 스마트폰으로 동작하는 애플리케이션을 **스마트폰 앱**이라고 합니다(그림 5-5).

스마트폰 앱의 특징

스마트폰 안에는 편리한 하드웨어가 많이 내장되어 있으며, 다양한 하드웨어를 조합하여 스마트폰 1대만으로 체험할 수 있습니다. 설치만 하면 사전 준비가 필요 없이 어느 정도의 체험을 할 수 있습니다. 예를 들어, 고성능 디스플레이를 2등분하고 스마트폰 내장 자이로 센서를 조합하면 즉석에서 VR 고글이 됩니다.

또한 많은 사용자들이 스마트폰을 소지하고 있다는 점도 간과할 수 없습니다. 많은 사용자가 소지하고 있다는 건 많은 사용자가 체험할 수 있는 가능성이 높다는 것입니다.

한편 사용자마다 스마트폰 성능에 차이가 있는 경우나 스마트폰 내의 OS에 따라서는 동작할 수 없는 등 완전한 표준화가 이루어지지 않아, 모든 스마트폰에 대응시키기 어려운 측면도 있습니다. 또한 데스크톱 앱과 비교해도 **스마트폰의 성능에는 한계가 있으며**, 사용할 수 있는 메모리나 그래픽 표현, VR 헤드 마운트 디스플레이의 성능 차이 등이 있어 똑같은 체험을 하는 것은 현재로서는 어렵습니다.

또한 OS별로 전용 스토어가 존재하며 스마트폰 앱을 공개하기 위해서는 각 스토어에 신청을 해야 합니다. 신청이 통과되지 않으면 애플리케이션을 공개할 수 없는 점도 주의해야 합니다(그림 5-6).

그림 5-5　스마트폰 앱을 작동시키려면?

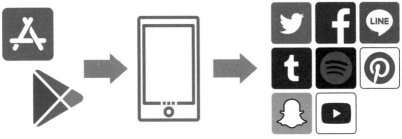

앱 스토어나 플레이 스토어에서　　　　　스마트폰 내에
앱 데이터를 다운로드하고　　　　　　　설치한다

그림 5-6　스마트폰 앱의 장점·단점

【장점】

• 스마트폰 단독으로 다양한 하드웨어를 사용할 수 있다

• 많은 사용자가 스마트폰을 소지하고 있어 쉽게 체험할 수 있다

• 오프라인에서도 사용할 수 있다

【단점】

• 설치가 필요

• 업데이트하고 싶은 경우도 설치가 필요

• 다른 OS에서는 기본적으로 동작하지 않는다

• 사용자마다 스마트폰의 성능 차이가 있어서 모든 기기에 대응시키는 것이 어렵다

• 앱을 공개하기 위해서는 전용 스토어에 신청해야 하며, 신청이 거부되면 공개할 수 없다

Point

✔ 스마트폰에서 동작시키려면 스마트폰 앱이 후보에 오른다

✔ 스마트폰 앱을 사용하면 내장된 다양한 하드웨어를 사용할 수 있다

✔ 고성능을 필요로 하는 풍부한 표현을 구현하면 낮은 성능의 스마트폰에서는 동작하지 않을 수 있다

>> 웹 앱 개발

웹 브라우저용 애플리케이션

데스크톱 앱이나 스마트폰 앱은 처음 사용할 때에 설치나 복사가 필요하여 사용자가 체험하기 어렵고, 불편한 요소가 있습니다.

이에 따라 최근에는 인터넷에서 제공되는 서비스가 증가하고 있습니다. 페이스북이나 트위터와 같은 SNS뿐만 아니라, G마켓이나 11번가 등의 인터넷 쇼핑, 구글이나 네이버와 같은 검색 서비스 등을 들 수 있습니다. 그중에서도 웹 브라우저 상에서 동작하는 애플리케이션을 **웹 앱**이라고 합니다. 웹 앱은 **웹 서버상에서 동작**하며, 사용자는 **웹 브라우저**만 있으면 즉시 서비스를 체험할 수 있습니다(그림 5-7).

웹 앱의 장·단점

메타버스를 웹 앱으로서 개발하는 장점은 무엇보다도 그 편리성에 있습니다. **애플리케이션을 스토어에 등록할 필요가 없으며**, 웹 서버로 애플리케이션 데이터를 업로드하면 쉽게 콘텐츠를 공개할 수 있습니다. 또한 기본적으로 웹 브라우저가 동작하는 디바이스라면 콘텐츠를 표시할 수 있기 때문에 **하나의 애플리케이션 개발로 다양한 디바이스나 OS에 대응할 수 있습니다**(그림 5-8).

한편 웹 앱에는 아직 과제가 남아 있습니다. 웹 브라우저는 비개발자라도 안전하게 사용할 수 있도록 다양한 보안 대책이 적용되어 있어, 하드웨어를 잘 제어하지 못할 수 있습니다. 또한 메모리나 3D 표현의 제한 등 웹 브라우저 자체의 다양한 제한에도 주의해야 합니다.

그림 5-7 웹 앱을 동작시키려면?

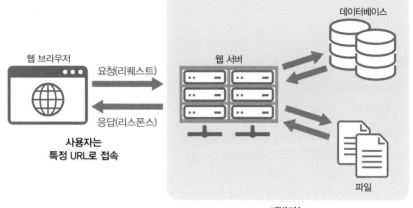

그림 5-8 웹 앱의 장점

애플리케이션의 등록 신청이 필요 없음
웹 서버로 업로드하면 브라우저에서
볼 수 있음

다양한 디바이스에 대응 가능
하나의 앱으로 PC나 스마트폰,
VR 전용 디바이스 등에 대응

Point

✔ 최근 인터넷상에서 제공되는 서비스가 증가하고 있다

✔ 웹 앱이란 웹 브라우저 상에서 동작하는 애플리케이션이다

✔ 웹 앱은 등록 신청이 필요하지 않으며 다양한 디바이스에 대응 가능하다

≫ 메타버스에서 사용되는 프로그래밍 언어

OS에 따라 사용되는 언어

프로그래밍 언어는 사용하는 OS나 환경에 따라 달라집니다(그림 5-9). 스마트폰 앱을 예로 들면 안드로이드에서는 코틀린, 자바, C# 그리고 iOS에서는 스위프트, C# 등이 후보가 됩니다.

C#은 양쪽 OS 모두 호환됩니다. 그러나 코틀린이나 스위프트 등 언어에 따라서는 일부 OS에만 호환되는 경우도 있습니다.

이러한 언어를 여러 OS에 호환시키기 위해서는 OS에 따라 다른 프로그래밍 언어를 사용하므로 개발 비용이 증가합니다. 메타버스는 다양한 OS에서 작동할 수 있도록 개발하는 경우가 많아 하나의 언어로 여러 OS에 호환하는 것이 일반적입니다(그림 5-9). 이와 같이 여러 OS에 호환되도록 하는 것을 **멀티플랫폼**이라고 합니다.

스크립트 언어와 네이티브 언어

그림 5-10의 REALITY와 Cluster 언어에는 C# 외에 코틀린과 스위프트도 사용됩니다. C#만을 사용하면 1개의 언어로 스마트폰 앱을 구현할 수 있는데, 왜 다른 언어를 사용하고 있는 것일까요?

코틀린과 스위프트는 스마트폰 앱용 언어입니다. 이 언어는 C#과 달리 직접 CPU에서 실행할 수 있는 **네이티브 언어**라고 합니다. 반대로 네이티브 언어가 아닌 것은 **스크립트 언어**라고 합니다. 네이티브 언어는 대응하는 OS가 적지만 실행 속도 측면에서 유리하거나 OS에 탑재된 기능을 사용할 수 있습니다.

최근에는 **기본적으로 스크립트 언어를 사용하면서 일부를 네이티브 언어로 개발하여 개발 비용을 절감하고 성능을 동시에 충족시키는 방법**도 늘어나고 있어 이를 알아 두는 것이 좋습니다.

그림 5-9 | 각 OS별 개발 가능한 프로그래밍 언어

	C#	자바	코틀린	스위프트	자바스크립트
윈도우	O	O	O		O
맥	O	O		O	O
iOS	O			O	O
안드로이드	O	O	O		O

그림 5-10 | 메타버스 앱에서 사용되고 있는 프로그래밍 언어

앱명	회사명	PC 대응	스마트폰 대응	사용 언어
VRChat	VRChat Inc.	O	X	C#
Horizon Workrooms	Meta Platforms, Inc.	O	X	C#
RecRoom	Rec Room, Inc.	O	O	C#
REALITY	REALITY, Inc.	O	O	C#, Kotlin, Swift
Cluster	Cluster, Inc.	O	O	C#, Kotlin, Swift

Point
✔ 멀티플랫폼에 대응 가능한 스크립트 언어가 채택될 가능성이 높다
✔ 네이티브 언어는 지원 OS가 적지만 스크립트 언어에는 없는 장점이 있다
✔ 일부 네이티브 언어를 사용하는 하이브리드형 개발도 증가하고 있다

Chapter
5

메타버스를 만드는 프로그래밍

» 게임 엔진을 이용한 개발

게임 엔진을 이용한 메타버스 개발 //

현재 대부분의 메타버스는 **게임 엔진**을 이용하여 개발되고 있습니다. 게임 엔진은 게임을 개발하기 위해 만들어진 소프트웨어입니다.

게임 개발에는 그래픽 그리기, 입력, 사운드, 물리 시뮬레이션, 에셋 관리, AI 등 공통된 요소가 많이 있으며, 이러한 것들을 쉽게 구현할 수 있는 체계가 마련되어 있습니다(그림 5-11). 게임 엔진을 이용하면 간단한 프로그램을 작성하는 것만으로 게임 엔진에 준비된 고도의 개발 시스템을 사용할 수 있습니다. 일부 처리는 코드를 기술하지 않는 **노코드**로 구현하거나 제작 중에도 실행하여 동작 확인을 할 수 있습니다. 그 결과 **효율적으로 개발 시간을 단축하여 고퀄리티의 콘텐츠를 제공하기 쉬워집니다.**

게임 엔진 선택 시 이점 ///

메타버스는 3DCG의 이용이 당연시되고 있습니다. 3DCG의 모델을 만들어 자유롭게 움직이는 것은 최근의 게임 개발과 유사한 개념입니다. 게임 엔진을 사용하면 그 체계를 이용하면서 효율적인 개발을 할 수 있기 때문에 메타버스의 개발에 게임 엔진이 채택되고 있습니다.

또한 메타버스는 다양한 기기에서 동작시키는 경우가 늘고 있습니다. 스마트폰 앱에 한정해도 iOS나 안드로이드 등 각각의 OS에 대응한 프로그래밍이 필요합니다. 그래서 각 OS에 대응하는 게임 엔진을 사용하여 작성하면 알고리즘을 변경하는 수고를 덜 수 있어 **효율적으로 여러 단말에 대한 애플리케이션을 개발하는 멀티플랫폼화를 시행할 수 있는** 이점도 있습니다(그림 5-12).

그림 5-11 게임 엔진에서 이용 가능한 요소

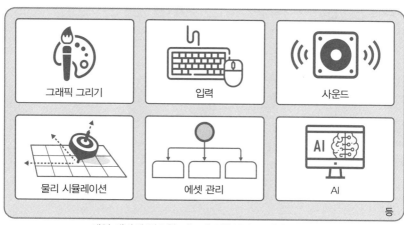

게임 개발에 필요한 기능이 처음부터 준비되어 있다

그림 5-12 2대 게임 엔진의 대응 플랫폼 일람

플랫폼	유니티	언리얼 엔진
iOS	O	O
Android	O	O
Windows	O	O
Xbox One	O	O
PlayStation 4, PlayStation 5	O	O
WebGL	O	X
Nintendo Switch	O	O

Point

✔ 게임 엔진은 실제 개발 현장에서 많이 채택되고 있다
✔ 게임 엔진을 이용하면 개발 시간을 단축할 수 있다
✔ 게임 엔진을 이용하면 여러 단말의 대응이 쉬워진다

≫ 가장 많이 사용되는 게임 엔진

세계에서 가장 많이 사용되는 게임 엔진

유니티는 미국의 UnityTechnologies 사가 제공하는 게임 엔진으로, **현재 메타버스 개발에서 가장 많이 사용되는 게임 엔진**입니다(그림 5-13). 게임 앱, VR/AR, 2D 게임 등 다양한 장르에 대응하며, 게임 엔진에 필요한 기본적인 기능이 망라되어 있습니다. VRChat 등 유명한 메타버스 앱은 모두 유니티를 이용하여 제작되었습니다.

유니티의 프로그래밍 방법

유니티의 프로그래밍에는 C#과 비주얼 스크립팅 두 가지 유형이 있습니다(그림 5-14).

C#에서는 기존과 같이 프로그램용 파일을 작성하고 텍스트 편집기에서 코드를 기재해 나갑니다. 유니티 내에서 미리 준비된 기능을 이용하면서 프로그래밍을 진행하므로 일반적인 C# 기능 외에도 유니티의 기능을 쉽게 사용할 수 있습니다. 예를 들어 그림 5-14의 C# 프로그램에서 Start라는 기능은 미리 준비되어 있으며, Start라는 부분에 기재한 프로그램은 자동으로 실행됩니다.

두 번째 방법은 코드 대신에 블록 단위의 명령문(노드)을 사용하는 비주얼 스크립팅입니다. 박스 간을 노드로 연결하면서 프로그래밍을 진행합니다. 코드 대신 노드를 연결하여 프로그래밍하는 것을 **비주얼 스크립팅**이라고 합니다. 비주얼 스크립팅은 비교적으로 새로운 프로그래밍 방법입니다. 원래 비주얼 스크립팅은 비프로그래머도 프로그램을 수행할 수 있도록 개발된 것이므로 C#에 비해 비교적 배우기 쉽습니다.

두 가지 모두 같은 기능을 구현할 수 있지만 구현이 빠르고 실제로 작동하고 있는 상태를 시각화하기 쉬운 것이 비주얼 스크립팅이고, 넓은 범위로 성능이 좋고 기능을 자유롭게 구현할 수 있는 것은 C#입니다. **어느 쪽이든 장단점이 있으므로 상황에 맞게 선택하는 것이 좋습니다.**

그림 5-13   게임 엔진의 점유율

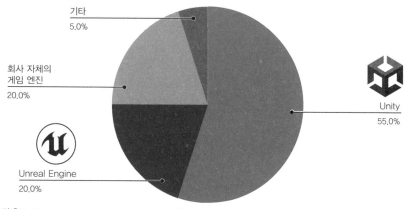

기타
5.0%

회사 자체의
게임 엔진
20.0%

Unreal Engine
20.0%

Unity
55.0%

출처: 「What game engines do you currently use?」
URL : https://www.statista.com/statistics/321059/game-engines-used-by-video-game-developers-uk/

그림 5-14   C#과 비주얼 스크립팅의 프로그래밍 화면

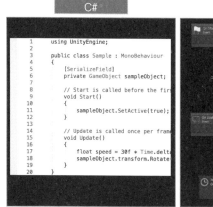

C# 언어를 기술하여 프로그래밍을 시행한다

블록 단위의 명령문(노드)를 연결하여
프로그래밍을 시행한다

Point

✔ 메타버스 개발에서 가장 많이 사용되는 것은 유니티

✔ 유니티 프로그래밍에는 C#과 비주얼 스크립팅의 두 종류가 있다

✔ 개발을 원하는 애플리케이션에 맞춰 사용할 게임 엔진을 고른다

≫ 웹에서의 개발

웹용으로 개발하려면? ///

콘텐츠를 다운로드하지 않고 웹 브라우저만 있으면 어떤 기기에서든 동작하는 웹 앱은 **메타버스를 경험하기까지의 장벽을 크게 낮출 수 있습니다.**

하지만 아직 발전 중인 부분도 있습니다. 데스크톱 앱과 같은 처리를 하더라도 처리가 무거워지기 쉽고, 콘텐츠의 양이 커지면 시작 시 로딩 시간이 오래 걸린다는 웹앱만의 과제가 있습니다. 웹 브라우저에서 동작하기 때문에, 웹 브라우저에서 할 수 없는 것은 할 수 없다고 인정하고 가능한 범위 내에서 애플리케이션을 제작해야 합니다.

더 좋은 웹 앱을 개발하기 위해서는? ///////////////////////////////////////

그렇다면 실제로 웹 앱을 개발하려면 어떻게 해야 할까요? 메타버스에는 3DCG 외에도 많은 에셋을 사용하기 때문에 다른 애플리케이션과 마찬가지로 **게임 엔진이 이용됩니다.** 개발에 사용되는 게임 엔진으로 유니티 외에 웹 앱에 특화한 게임 엔진인 **PlayCanvas와 EgretEngine** 등이 있습니다. 둘 다 웹 브라우저에서 사용되는 언어인 자바스크립트로 프로그래밍을 하므로 다른 언어를 사용하는 게임 엔진보다 높은 성능을 내기 쉽습니다(그림 5-15). 그래서 웹 앱 제작 시에는 후보로 거론됩니다.

제작하는 데 있어서 주의해야 할 점으로 **애플리케이션의 용량을 줄이는 것**이 중요합니다. 웹 앱은 시작 시 데이터를 반드시 로드합니다. 용량이 크면 로드 시간이 증가하여 체험하기 위한 장벽이 높아집니다. 또한 모든 단말기가 높은 성능을 갖추고 있는 것은 아니므로, 낮은 성능에서도 작동하는 것을 고려해서 개발해야 합니다(그림 5-16).

그림 5-15 유니티와 자바스크립트를 사용한 게임 엔진의 빌드 순서

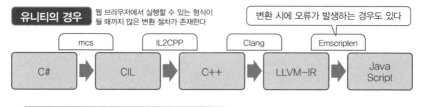

유니티의 경우 웹 브라우저에서 실행할 수 있는 형식이 될 때까지 많은 변환 절차가 존재한다

변환 시에 오류가 발생하는 경우도 있다

mcs · IL2CPP · Clang · Emscripten

C# → CIL → C++ → LLVM-IR → Java Script

자바스크립트를 사용한 게임 엔진의 경우 처음부터 웹 브라우저에서 실행할 수 있는 형태로 되어 있으므로 변환할 필요가 없다

JavaScript — 변환하지 않고 그대로 사용 가능

그림 5-16 웹 애플리케이션 개발 시의 장·단점

【장점】

• 다운로드하지 않고 즉시 실행할 수 있다
• 브라우저에 의존하기 때문에 브라우저가 작동하면 OS에 관계없이 실행 가능
• PC, 스마트폰 모두 같은 프로그램에서 동작한다
• 브라우저에 탑재된 고성능 디버그 툴을 사용할 수 있다

【단점】

• 데스크톱 앱과 같은 처리를 하더라도 처리가 느려질 가능성이 높다
• 콘텐츠의 양이 커지면 시작 시간이 느려지는 경우가 있다
• 메모리 관리가 다른 앱에 비해 유연하게 이루어지지 않는다
• 브라우저 측에서 보안 등을 이유로 제한되어 있는 것은 기본적으로 시행할 수 없다
• 오프라인에서는 사용할 수 없다
• 메모리에 실행할 공간이 없으면 실행할 수 없다

Point

✔ 웹 앱은 메타버스를 경험하기까지의 장벽을 크게 낮출 수 있다
✔ 웹 앱에서의 메타버스 개발에도 게임 엔진이 이용되고 있다
✔ 개발 시에는 애플리케이션의 용량을 억제하는 것이 중요하다

» WebGL이라는 기술

3D 표현을 위한 웹 사이트를 구성하는 HTML

웹 브라우저에서 3DCG를 이용한 그래픽 콘텐츠를 동작시킬 수 있는 이유는 무엇일까요?

웹 페이지는 HTML로 기술되며, 요소마다 태그로 묶어서 기능을 구현합니다. 태그에는 여러 종류가 있습니다. 많은 태그는 2D 표현을 하는 데 특화되어 있지만, 다양한 태그 중에서도 3D 표현을 할 수 있는 태그가 있습니다.

3D 표현을 할 수 있는 태그는 **Canvas**라고 합니다. Canvas를 사용하여 **WebGL**이라는 기술을 사용하여 3D 표현을 화면에 표시할 수 있습니다(그림 5–17).

3DWeb 앱을 지탱하는 기술

WebGL은 웹 페이지 상에서 **OpenGL**을 사용할 수 있도록 하는 기술입니다. OpenGL은 GPU를 이용하여 고속 2D · 3D 그래픽 처리 및 화면 출력을 위한 기술을 제공합니다. 오픈 표준으로 많은 웹 브라우저에서 사용할 수 있습니다. 그래서 WebGL을 이용하면 **웹 페이지 상에서 3D의 표현을 할 수 있습니다**(그림 5–18).

WebGL의 기술 자체는 2011년부터 있었지만, 초기에는 지원하는 웹 브라우저가 일부였거나 WebGL 자체의 기능이 부족하여 본격적으로 채택되는 경우는 적었습니다. 하지만 **최근에는 오픈 표준이 되면서 WebGL도 발전하여 채택되는 경우가 늘어나고 있습니다.**

WebGL을 채택할 때에 주의해야 할 것은 메모리가 적은 기기에서 동작시키는 경우입니다. WebGL은 시작 시에 정해진 크기를 메모리에 로드합니다. 따라서 용량이 부족한 경우 로드할 수 없으므로 실패합니다. 이 경우에는 최초 할당용 메모리 크기를 줄이는 방법으로 대처합니다.

Canvas를 둘러싼 환경

Canvas는 다양한 요소의 그리기 대상으로 이용되며
다른 요소와 연동하면서 이용된다

Typed Array

CSS

OffscreenCanvas

img 요소

Canvas

WebGL

SVG Path

Node.js

Web RTC

video 요소

TypedArray	자바스크립트에서 데이터형이 붙은 배열
CSS	웹 페이지의 외관을 지정하기 위한 언어
Offscreen Canvas	렌더링의 부하를 분산할 수 있는 자바스크립트의 기능
img 요소	이미지를 브라우저에 표시하기 위한 HTML 요소
WebGL	웹 페이지 상에서 2D와 3D 그래픽 표현을 위한 기술
video 요소	동영상을 브라우저에 표시하기 위한 HTML 요소

Web RTC	웹 상에서 실시간 통신을 하기 위한 기술
Node.js	서버 측에서 자바스크립트를 사용하기 위한 자바스크립트 실행 환경
SVG Path	벡터 형식의 이미지 형식

• Canvas는 이미지 처리 및 외부 파일을 삽입할 수 있다
• 용도는 다양하다
• WebGL은 Canvas 태그에 그리기 처리를 하여 사용된다

OpenGL의 3D 그리기 처리

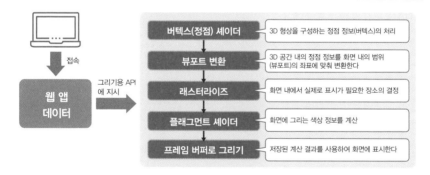

접속

웹 앱 데이터

그리기용 API에 지시

버텍스(정점) 셰이더 → 3D 형상을 구성하는 정점 정보(버텍스)의 처리

뷰포트 변환 → 3D 공간 내의 정점 정보를 화면 내의 범위(뷰포트)의 좌표에 맞춰 변환한다

래스터라이즈 → 화면 내에서 실제로 표시가 필요한 장소의 결정

플래그먼트 셰이더 → 화면에 그리는 색상 정보를 계산

프레임 버퍼로 그리기 → 저장된 계산 결과를 사용하여 화면에 표시한다

Point
✔ 웹 사이트 상에서는 Canvas 태그를 통해 WebGL을 다룬다
✔ WebGL에서 OpenGL을 호출함으로써 GPU에 의한 3D 표현을 하고 있다
✔ WebGL은 2011년부터 있지만 계속 진화함에 따라 최근 채택되는 경우가 늘어나고 있다

Chapter
5

메타버스를 만드는 프로그래밍

크로스 플레이로의 대응

이 장에서는 각각의 플랫폼에서의 프로그래밍 차이에 대해 설명하였습니다. 디바이스가 증가하면서 다양한 디바이스에 대응하는 것은 매우 중요합니다. 예를 들어, 같은 스마트폰 앱이라도 iOS와 안드로이드는 플랫폼이 다르기 때문에 각각의 플랫폼에 대응한 개발을 해야 합니다. 그리고 이를 간단하게 대응하기 위한 멀티플랫폼 개발 방법에 대해서도 설명했습니다.

그중에서도 서로 다른 플랫폼에서 동시에 플레이할 수 있는 것을 크로스 플레이라고 합니다. 주로 온라인 게임에서 사용되는 말로, 슈팅 게임인 『Apex Legends』에서는 PC와 Nintendo Switch, PlayStation, Xbox 버전으로 크로스 플레이를 할 수 있습니다. 메타버스의 개발에 있어서도 다양한 디바이스에서 공통의 가상공간에 접속하기 위해서는 크로스 플레이의 개념이 중요합니다.

향후 메타버스의 패권을 잡을 것으로 여겨지는 『포트나이트』, 액티브 사용자가 세계 최고가 된 MMORPG 『파이널 판타지 XIV』의 대응 플랫폼을 조사해 봅시다. 또한 각각의 플랫폼에서 크로스 플레이를 할 수 있는지 확인해 봅시다.

	대응 플랫폼	크로스 플레이 대응
포트나이트		
파이널 판타지XIV		

Chapter 6

온라인 통신과 서버

메타버스를 지탱하는 서버

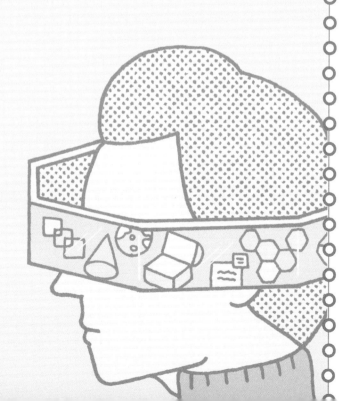

≫ 메타버스를 지원하는 구조①

서버란? //

서버란 사용자(클라이언트)로부터의 요청(리퀘스트)에 따라 데이터를 제공하는 컴퓨터나 프로그램을 가리킵니다.

우리가 개인적으로 사용하는 PC(퍼스널 컴퓨터)와는 달리, 다양한 사람이 이용할 수 있도록 인터넷을 통해 사용자와 연결되어 있습니다.

서버에는 웹 페이지를 표시하기 위한 「웹 서버」나 메일의 송수신 등을 실시하는 「메일 서버」, 파일의 보관 및 공유에 이용되는 「파일 서버」 등 다양한 종류의 서버가 존재합니다(그림 6-1). 우리가 평소에는 서버를 이용하고 있다고 의식할 때가 적지만, **업무에서의 데이터 송수신, 게임이나 SNS 등 인터넷에 연결하여 이용하는 다양한 서비스 등에서 필요한 구조입니다.**

서버의 역할 //

서버는 다양한 기능을 제공할 수 있습니다(그림 6-2). 예를 들어 웹 페이지의 열람 시에 사용자가 브라우저에 URL을 입력하면 서버에 요청을 보냅니다. 그리고 입력된 URL에 따라 서버는 필요한 페이지의 HTML 파일, 이미지 데이터 등 웹 페이지 표시에 필요한 다양한 데이터를 페이지 내용에 따라 사용자에게 제공합니다.

이러한 데이터를 서버에서 받아올(다운로드)뿐만 아니라 SNS와 같이 사용자가 게시한 정보를 저장하여 다른 사용자가 볼 수 있도록 하기 위해 서버에 데이터를 보낼(업로드) 수도 있습니다. 「온라인으로 연결된 가상공간」인 메타버스에서도 데이터의 교환 및 저장 등 다양한 상황에서 서버가 필요합니다.

그림 6-1　서버의 종류

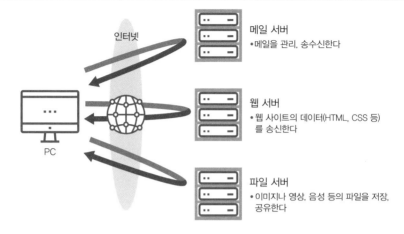

인터넷

메일 서버
•메일을 관리, 송수신한다

PC

웹 서버
•웹 사이트의 데이터(HTML, CSS 등)
를 송신한다

파일 서버
•이미지나 영상, 음성 등의 파일을 저장,
공유한다

그림 6-2　서버의 역할

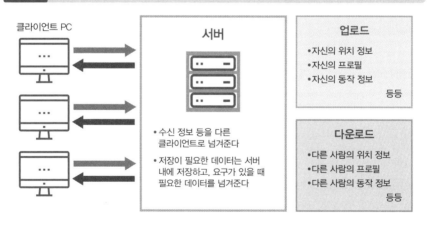

클라이언트 PC

서버

업로드

•자신의 위치 정보
•자신의 프로필
•자신의 동작 정보

등등

•수신 정보 등을 다른
클라이언트로 넘겨준다
•저장이 필요한 데이터는 서버
내에 저장하고, 요구가 있을 때
필요한 데이터를 넘겨준다

다운로드

•다른 사람의 위치 정보
•다른 사람의 프로필
•다른 사람의 동작 정보

등등

Point　✔ 서버란 사용자의 요구에 따라 데이터를 제공하는 컴퓨터나 프로그램이다

✔ 서버는 업무, 게임, SNS 등 다양한 서비스에서 사용된다

✔ 서버는 필요에 따라 다양한 기능을 제공할 수 있다

≫ 메타버스를 지원하는 구조②

메타버스로의 접속에 필요한 서버

메타버스에서 여러 사람이 「온라인상에서의 연결」(멀티플레이) 상태를 체험하기 위해서는 가상공간 자체의 3DCG 데이터뿐만 아니라 다양한 정보가 필요합니다(그림 6-3).

같은 메타버스 공간에 존재(접속)하고 있는 사용자 이름이나 외모 정보, 해당 사용자가 어디에 위치해 있는지 등이 이에 해당됩니다. **메타버스에 접속하는 경우, 이러한 사용자 정보 등을 저장하거나 교환하는데 필요한 장소 또는 시스템(서버)이 필요합니다.**

메타버스에서 필요한 서버는 하나뿐만이 아니라 **웹 서버, 데이터베이스 서버 등 여러 개의 서버를 연계하여 사용합니다.** 예를 들어 메타버스에 접속할 때에는 앱(데스크톱 앱, 스마트폰 앱, 웹 앱 등)이 서버와 필요한 정보 교환을 하면, 사용자는 메타버스에 접속하게 됩니다.

메타버스와 서버의 관계

메타버스에 사용자가 접속했을 때에 서버는 역할에 따라 다양한 처리를 실행합니다. 공간 정보의 제공, 사용자 로그인 인증, 아바타 데이터의 제공, 기타 사용자 정보 등이 있으며, 이러한 정보를 제공하거나 각 서버가 처리를 분담하여 수행합니다.

이러한 서버들을 합쳐서 **멀티 서버** 또는 게임 서버라고 합니다. **이러한 일련의 처리를 서버에서 수행함으로써 사용자는 메타버스에서 전 세계의 사용자와 커뮤니케이션을 할 수 있게 됩니다**(그림 6-4).

그림 6-3 메타버스에 필요한 데이터

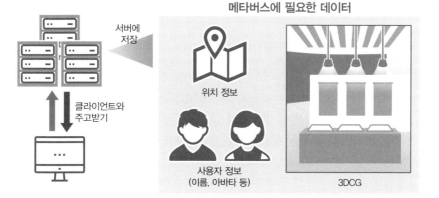

그림 6-4 멀티 서버의 이용 이미지

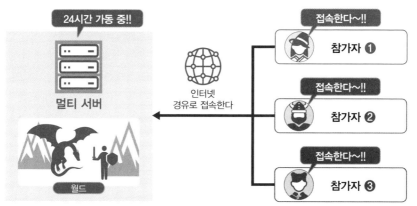

출처: : 블로그 「멀티서버란? 구조 및 만드는 방법을 설명하는【게임을 좋아하는 사람은 필수】」를 바탕으로 작성
URL: https://miya-system-works.com/blog/detail/vps-how-to-use/

Point
✔ 메타버스에 접속하려면 서버가 필요하다
✔ 메타버스의 서버에는 웹, 데이터베이스 등 다양한 기능이 필요하다
✔ 메타버스에서는 서버가 처리를 수행하여 사용자가 커뮤니케이션을 할 수 있다

» 서버의 종류

온프레미스 서버와 클라우드 서버 //////////////////////////////////

서버는 회사 내에서 구축·운용하는지 여부에 따라 **온프레미스**와 **클라우드**로 분류할 수 있습니다. 온프레미스는 **회사에서 필요한 서버 장비 등을 직접 도입하여 운용하는 것을 말하고,** 클라우드는 **시스템을 직접 보유하지 않고 인터넷을 통해 서비스를 이용하는 형태**를 말합니다(그림 6-5).

기존에는 회사 내에 기기를 도입해 운용하는 온프레미스의 형태가 주류였지만, 최근에는 클라우드 서비스의 보급으로 클라우드 서버를 도입하는 기업도 늘고 있습니다. 클라우드 서버를 이용한 서비스의 예로 Gmail, 네이버 등의 웹 메일, 구글 캘린더 등의 스케줄을 들 수 있습니다.

클라우드 서버의 장점과 단점 //////////////////////////////////

온프레미스 대신 이용하게 된 클라우드의 장점으로는 서버 장비의 구축이 필요 없어 초기 비용을 줄일 수 있는 점, 인터넷상에서 신청만 하면 이용을 시작할 수 있어 도입이 간단한 점, 서버의 확장 등도 비교적 쉽게 가능한 점, 장애 발생 시에는 클라우드 사업자가 복구 작업을 수행하기 때문에 자사 내 대응이 필요하지 않은 점 등이 있습니다.

한편 단점으로는 온프레미스에 비해 서버 장비 등에 제약이 있어 커스터마이징이 어렵고, 인터넷을 통해 데이터를 주고받기 때문에 보안 위험이 우려되며, 클라우드 요금 체계는 이용한 만큼 과금되는 종량제로 되어 있어 장기적인 비용이 높아질 가능성이 있다는 점을 들 수 있습니다(그림 6-6).

메타버스에서는 접속 수의 증가에 따라 서버 확장 등에 유연하게 대응할 수 있는 클라우드가 비교적 많이 사용되는 경향이 있습니다.

| 그림 6-5 | 온프레미스 서버와 클라우드 서버의 차이 |

온프레미스

회사 내에서 도입·운용

클라우드

인터넷을 통해
클라우드 서비스를 이용

인터넷

클라우드
사업자

출처: ALTUS HP 「온프레미스와 클라우드는 어떻게 다른가?」를 기반으로 작성
URL: https://altus.gmocloud.com/suggest/onpremise_cloud/

| 그림 6-6 | 온프레미스와 클라우드의 비교 |

	온프레미스	클라우드
초기 비용	비용이 높다	저렴하게 시작할 수 있다
도입까지의 기간	몇 주부터 몇 개월	계정 등록 후 바로
커스터마이즈성	자유롭게 커스터마이즈 가능	제한 있음
보안	로컬 환경에서 시스템 운용	인터넷을 통한 리스크 우려
장애·재해 리스크	회사 내에서 복구 작업을 실시	클라우드 사업자가 복구 작업을 실시

Point

✔ 회사 내에서 서버 시스템 구축·운용을 하는 것을 온프레미스라고 한다
✔ 인터넷을 통해 서비스를 이용하는 형태를 클라우드라고 한다
✔ 각각의 장·단점이 있기 때문에 최적의 형태를 선택하는 것이 중요하다

» 싱글플레이와 멀티플레이의 차이

싱글플레이와 멀티플레이 //

메타버스는 「온라인상에서 연결된 가상공간」이므로 메타버스를 실현하기 위해서는 **멀티플레이**를 수행해야 합니다. 여기에서 말하는 멀티플레이란 **여러 명의 사용자가 인터넷을 통해서 같은 체험 등을 수행할 수 있는 상태**를 가리킵니다.

여러 명이 함께 체험하는 멀티플레이에 반해, 싱글플레이란 **각 사용자가 개인별로 체험하는 것**을 말합니다.

싱글플레이에서는 데이터 등을 한번 다운로드하면 그 이상 통신 등이 발생하지 않는 것도 있고, 인터넷이 연결되어 있지 않은 온라인 환경에서도 애플리케이션 등을 이용할 수 있습니다. 멀티플레이에서는 자기 이외의 사용자에게 자신의 상태 등을 전달해야 하므로 인터넷에 접속되어 있는 온라인 환경이 필요합니다(그림 6-7).

다만 멀티플레이를 진행하는 서비스 중에는 오프라인 환경에서 시작한 경우, 싱글플레이 상태로 전환하는 것도 있습니다.

멀티플레이의 효과 //

멀티플레이를 통해 얻을 수 있는 이점으로는 멀리 떨어진 다른 사용자와 커뮤니케이션할 수 있고, 동일한 체험을 실시간으로 경험할 수 있는 것 등을 들 수 있습니다(그림 6-8). 음성 통화나 화상 통화 등으로 실시간 커뮤니케이션은 할 수 있지만 멀리 떨어진 사용자와 같은 것을 보거나 체험하는 것은 어렵습니다.

메타버스에서의 멀티플레이는 자신이 아바타로서 가상공간에 참여합니다. 예를 들어 현실처럼 친구와 약속을 하고, 가상공간상의 이벤트에 참가하거나 상점에서 쇼핑을 할 수도 있습니다.

그림 6-7 싱글플레이와 멀티플레이의 특징

싱글플레이

• 각 사용자가 개인별로 체험을 실시한다
• 경우에 따라서는 온라인 환경에서도 체험 가능

멀티플레이

• 여러 명의 사용자가 인터넷을 통해서 같은 경험을 한다
• 온라인 환경이 필요

그림 6-8 멀티플레이로 할 수 있는 것

다양한 게임

이벤트에 참가

쇼핑

Point

✔ 메타버스를 실현하기 위해서는 멀티플레이가 필요하다

✔ 멀티플레이는 여러 사람이 인터넷을 통해 동일한 체험 등을 할 수 있는 상태를 의미한다

✔ 싱글플레이는 각 사용자가 개인적으로 체험을 하는 것을 의미한다

≫ 멀티플레이를 구현하려면?

멀티플레이를 구현하기 위해서 필요한 환경의 준비 \\\\\\\\\\\\\\\\\\\\\\\\\\\\\\\

멀티플레이를 구현하기 위해서는 **인터넷 환경 및 서버 환경 등 다양한 준비가 필요합니다.** 서버 환경은 다수의 사용자를 연결하는 중요한 역할을 합니다.

그러나 문제는 사용자가 다양한 종류의 단말기를 통해 접속을 하므로 PC, 스마트폰 등 단말의 종류가 다른 경우나 단말의 종류가 같다고 해도 내부 소프트웨어(OS 등)의 버전이 다르거나 하는 등 다양한 경우가 존재한다는 것입니다.

이러한 **다양한 조건에서도 동작하는 환경을 마련하여 멀티플레이 환경을 유지하기 위해서는 매우 큰 비용이 지속적으로 필요합니다**(그림 6-9).

다양한 멀티플레이 서비스 \\\

멀티플레이 환경을 구축하고 유지하기 위해 큰 비용이 필요한데, 이러한 환경을 제공해 주는 서비스도 존재합니다. 일례로는 Exit Games 사의 **Photon**(포톤), 모노비트 엔진 사의 **모노비트 엔진** 등이 있습니다(그림 6-10).

이러한 서비스를 이용하여 멀티플레이의 환경 구축 및 유지 비용을 줄일 수 있으며, 각 서비스가 가진 기능을 이용하여 체험의 질을 높일 수 있습니다. 서비스마다 차이가 있고, 서비스로의 동시 접속 수(CCU: Concurrent Users)나 이용 요금, 대응하는 개발 환경(메타버스를 개발하기 위한 프로그래밍 언어나 개발 소프트웨어) 등이 다릅니다.

만들려는 메타버스에 요구하는 내용이나 규모, 개발 환경 등에 맞춰 자사에서 개발을 할지, 서비스를 이용할지, 적절한 것을 선택해야 합니다.

그림 6-9 다양한 환경에 대응하는 비용

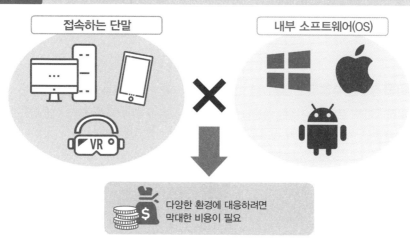

접속하는 단말

내부 소프트웨어(OS)

×

다양한 환경에 대응하려면
막대한 비용이 필요

그림 6-10 다양한 멀티플레이 서비스

Photon

- Exit Games 사
- 독일 회사
- Photon Cloud : 클라우드 서비스
- Photon Server : 윈도우 서버

모노비트 엔진

- 모노비트 엔진 사
- 일본 회사
- 주로 클라우드 서비스로 제공

출처: igda JAPAN 「철저 비교! Photon vs. 모노비트 엔진 도입하려면 어느 쪽?」
URL: https://www.igda.jp/2015/12/12/2558/

Point

✔ 멀티플레이를 하기 위해서는 서버 환경 등이 필요하다
✔ 다양한 조건에서도 동작하는 환경을 유지하기 위해서는 매우 큰 비용이 필
 요하다
✔ 멀티플레이 환경을 제공하는 서비스가 있다

≫ 사용자 간 데이터 통신을 수행한다

데이터 통신을 수행하는 방법 ///

멀티플레이를 위해서는 다른 사용자들과 상호작용하기 위해 가상공간의 정보를 수집하는 것뿐만 아니라 자신의 정보를 다른 사용자에게 전달해야 합니다.

데이터 통신 방법에는 여러 가지 종류가 있으며 크게 「**동기식**」과 「**비동기식**」으로 구분됩니다.

「동기식」에는 모든 사용자의 데이터가 항상 완전히 동일한 상태가 되도록 데이터 교환을 수행합니다. 반면에 「비동기식」에서는 각 사용자별로 데이터에 차이가 발생할 수 있도록 허용한 후 데이터 교환을 수행합니다(그림 6-11).

메타버스 공간에서는 다수의 사용자가 참여하여 공간 내에서 이동하기 때문에, 「동기식」으로 통신을 시도하면 모든 사용자의 데이터 동기화를 기다려야 하므로 적합하지 않습니다. 따라서 대부분 「비동기식」이 사용됩니다.

사용자별 통신 환경의 차이 ///

「비동기식」의 경우 사용자 간 데이터에 차이가 발생하지만, 이 경우 데이터 차이는 1초 미만의 비교적 짧은 시간 내에서의 차이로 사용자의 경험에는 지장이 없습니다.

그러나 사용자의 통신 환경, 예를 들어 국가가 다른 사용자 간 통신의 경우에는 데이터가 도착할 때까지 시간이 걸리기 때문에 데이터의 차이가 크게 발생할 수 있습니다.

그래서 서버 환경을 제공하는 많은 서비스(AWS나 GCP 등)는 **가능한 가까운 거리에 있는 사용자가 같은 서버에 접속할 수 있도록 다양한 지역용 서버를 준비하여 사용자가 연결하는 위치에 따라 연결 대상 서버를 조정하는 등 조치를 취하고 있습니다**(그림 6-12).

그림 6-11 동기식과 비동기식의 구조

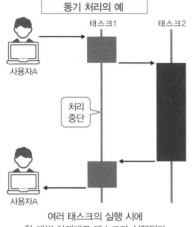
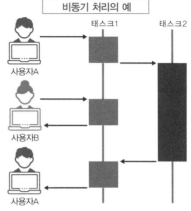

| 동기 처리의 예 | 비동기 처리의 예 |

여러 태스크의 실행 시에
한 개씩 차례대로 태스크가 실행된다

한 개의 태스크를 실행 중이라도
다른 태스크를 실행할 수 있다

출처: Rworks HP「비동기 처리란? 동기 처리와의 차이, 구현 방법에 대해서 설명」
URL: https://www.rworks.jp/system/system-column/sys-entry/21730/

그림 6-12 세계 각지에 있는 AWS의 리전

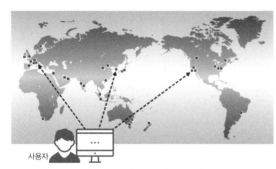

• AWS는 자사 서비스 제공 구역에서 균
일한 서비스를 제공하기 위해서 지역
을 물리적인 위치로 분할하고 있다

• 사용자가 접속하는 장소에 따라 접속
처의 서버를 조정한다

● 리전
● 공개 예정

출처: AWS HP「AWS 글로벌 인프라스트럭처」를 바탕으로 작성
URL: https://aws.amazon.com/jp/about-aws/global-infrastructure/)

Point
✔ 멀티플레이로 통신을 하는 방법은 크게「동기식」과「비동기식」이 있다
✔ 대규모 사용자가 참여할 경우에는「비동기식」이 많이 사용된다
✔ 통신 환경에 따라 차이가 적도록 서버 환경을 구축하는 것이 중요하다

≫ 커뮤니케이션을 한다①

텍스트 채팅을 통한 커뮤니케이션

가상공간에서의 커뮤니케이션 방법으로 일반적인 것 중 하나는 **텍스트 채팅**입니다. 카카오톡이나 페이스북과 같은 커뮤니케이션 앱에서는 필수적인 요소이며, 많은 사람들이 일상적으로 사용하고 있을 것입니다(그림 6-13).

텍스트 채팅은 **송신 및 수신 시 필요한 데이터 통신 양이 비교적 적기 때문에 다양한 통신 환경에서도 사용하기 쉬운 것**이 특징 중 하나입니다.

다만 텍스트 채팅은 간편하게 보낼 수는 있지만 기본적으로는 문장만으로 대화를 진행하므로, 긴 문장이나 세세한 감정 표현을 전달하는 데는 적합하지 않은 면이 있습니다. 따라서 서비스마다 아이콘이나 스탬프 등의 기능을 통해 추가적인 표현을 할 수 있게 되어 있는 경우가 있습니다.

텍스트 채팅의 종류

텍스트 채팅에는 서비스에 따라 이름 등에 차이는 있지만, 수신 대상 지정 방법이 여러 가지가 있습니다. 대체로 1대1 프라이빗 채팅, 지정한 여러 명이 대상인 그룹 내 채팅, 이용자 전체가 대상인 전체 채팅의 3가지 방법이 자주 사용됩니다(그림 6-14).

각각의 방법에 따라 **송신한 내용을 볼 수 있는 사람이 제한되어 있고** 프라이빗 채팅의 경우에는 대화를 주고받는 2명만, 그룹 내 채팅의 경우 지정한 그룹에 속한 사람들만, 그리고 전체 채팅의 경우에는 해당 서비스를 이용하는 모든 사람들이 내용을 볼 수 있게 됩니다.

그림 6-13 텍스트 채팅의 송수신

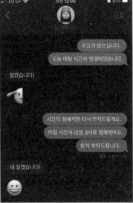

카카오톡과 메신저의 채팅 화면

텍스트뿐만 아니라 이모티콘과 이미지
등도 보낼 수 있다

그림 6-14 메시지의 수신 대상

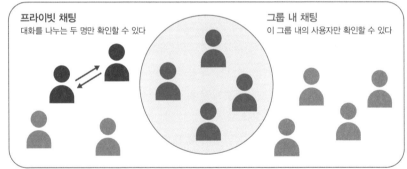

프라이빗 채팅
대화를 나누는 두 명만 확인할 수 있다

그룹 내 채팅
이 그룹 내의 사용자만 확인할 수 있다

전체 채팅
서비스를 이용하는 모든 사용자가
내용을 확인할 수 있다

Point

✔ 가상공간에서는 텍스트 채팅이 자주 사용된다

✔ 데이터 통신량 등도 적어 비교적 이용하기 쉽다

✔ 수신 대상을 지정하여 대상을 한정한 전송도 가능하다

≫ 커뮤니케이션을 한다②

음성 채팅을 통한 커뮤니케이션 \\

이전 절에서 소개한 텍스트 채팅 외의 커뮤니케이션 방법 중 하나로 음성을 이용하는 **보이스 채팅**이 있습니다(그림 6-15). 보이스 채팅은 사용자의 기기에 내장 혹은 별도의 마이크를 이용합니다.

기본적으로는 전화 등을 통한 통화와 같이 음성으로 커뮤니케이션을 진행하지만, 음성 채팅의 특징은 일반적인 전화와는 달리 **1대 1이 아닌 복수의 인원이 참여하여 통화할 수 있다는 점입니다**. 텍스트 채팅과는 다르게 실제로 말을 통해 커뮤니케이션하기 때문에 더욱 자연스러운 형태로 대화가 이루어질 수 있습니다.

가상공간 내에서의 커뮤니케이션 방법으로 텍스트 채팅, 음성 채팅은 모두 매우 중요한 요소가 됩니다.

음성 채팅의 과제 \\\

중요한 커뮤니케이션 방법인 음성 채팅은 몇 가지 문제점이 있습니다(그림 6-16).

먼저 데이터 통신량이 있습니다. 텍스트 채팅과 비교하면 비교적 큰 데이터를 주고받게 되어 **통신 환경이 나쁜 경우 연결되지 않거나 통신량을 줄이기 위해 음질이 낮아져서 잘 들리지 않는 등의 문제가 발생**할 수 있습니다.

또한 **동시에 통화에 참여할 수 있는 인원의 문제**가 있습니다. 이용하는 서비스에 따라 차이는 있지만 대체로 십여 명에서 수십 명까지 제한되는 서비스가 많아지고 있습니다. 많은 인원이 대화를 할 경우, 모든 사람의 음성을 합쳐서 재생하게 되어 알아듣기 어려울 수 있다는 점 그리고 음성을 처리하는 서버에 부하가 걸리는 등의 문제가 발생할 수 있습니다.

그림 6-15 음성 채팅의 개요

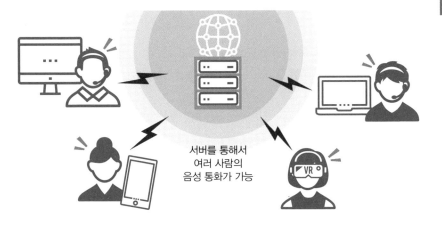

서버를 통해서
여러 사람의
음성 통화가 가능

그림 6-16 음성 채팅 이용 시의 과제

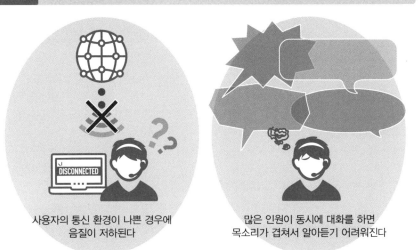

사용자의 통신 환경이 나쁜 경우에
음질이 저하된다

많은 인원이 동시에 대화를 하면
목소리가 겹쳐서 알아듣기 어려워진다

Point
✔ 음성 채팅을 이용하면 음성으로 대화할 수 있다
✔ 전화 통화와 달리 여러 사람이 동시 통화를 할 수 있다
✔ 통신 환경이나 동시 통화 인원수 등 몇 가지 과제도 존재한다

서버 비용의 계산

메타버스의 개발에서는 데이터 통신량, 서버 부하 및 서버 비용의 균형을 고려하는 것이 매우 중요합니다. 예를 들어 6-5 절에서 소개한 Photon Cloud에는 「메시지 수」라는 개념이 있으며, 1개의 룸에는 초당 메시지 수 500개의 제한이 있습니다. 여기에서 메시지 수는 서버가 송수신한 메시지 수의 총합을 말합니다.

예를 들어, 참가 플레이어 수가 4명인 게임에서 1명의 플레이어가 움직였을 때, 서버는 1개의 메시지를 수신하고 다른 3명에게 3개의 메시지를 전송하므로 총 4개의 메시지가 됩니다. 또한, 나머지 3명도 이를 반복하므로 4×4 = 16개의 메시지가 소비됩니다.

일반적인 애플리케이션에서는 1초당 30회 정도 갱신하는 것이 되므로 16×30 = 480개의 메시지가 소비됩니다.

그러면 참가 인원이 10명, 20명인 경우는 어떨까요? 1초당 30회 갱신을 할 경우 초당 메시지 수를 계산해 봅시다.

참가 인원 10명	
참가 인원 20명	

이를 계산하면 참가자 수가 증가함에 따라 메시지 수가 많아지는 것을 알 수 있을 것입니다. 그러므로 정보의 업데이트 빈도를 제한하여 메시지 수를 줄일 수 있습니다. 더 많은 사용자들이 참여하도록 하기 위해서는 이 외에도 다양한 방법을 활용하여 통신량을 줄여 나가는 것이 필요합니다.

Chapter 7

메타버스를 체험하는
방법과 작동 원리

다양한 기기의 종류와 특징

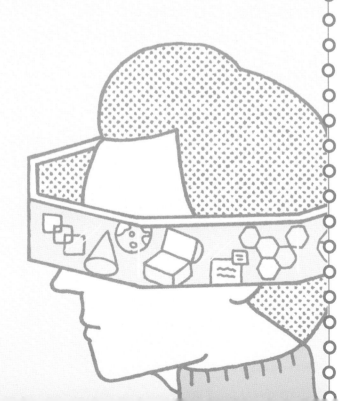

≫ 메타버스를 체험할 수 있는 디바이스

VR 디바이스는 다양하다 //

메타버스를 체험할 수 있는 VR 디바이스는 다양하며, 다양한 용도와 환경에 맞춰 출시되고 있습니다. 많은 디바이스 중에서 선택할 때는 **트래킹 방식과 호환 환경의 두 가지 측면을 주목하여 선택하는 것이 좋습니다.**

트래킹 방식에는 머리와 목의 회전과 기울기 변화에 대응하는 **3DoF**와 머리와 목뿐만 아니라 전후좌우 이동과 같은 움직임에 대응하는 **6DoF**가 있습니다(그림 7-1).

메타버스 체험 자체는 스마트폰으로도 할 수 있지만 VR 호환도 고려한다면 6DoF 지원 고글이 바람직합니다. 따라서 6DoF의 고글 중에서 체험하고 싶은 메타버스 플랫폼의 환경에 맞는 것을 선택합니다(그림 7-2). 예를 들어, VRChat을 체험하는 경우 PC용 하이엔드 VR 고글이나 Meta Quest 2를 선택해야 합니다.

메타버스를 체험할 수 있는 디바이스 = VR 고글은 아니다 //////////////////////

메타버스 체험을 상상할 때, VR 고글을 쓰는 모습을 떠올리는 사람이 많을지도 모릅니다. 그러나 콘텐츠나 사용하는 환경에 따라서는 VR이 호환되지 않고, VR 고글이 필요하지 않은 콘텐츠도 존재합니다. 그러므로 메타버스라고 해서 VR 디바이스가 필수적인 것은 아니라는 점에 주의해야 합니다. 본래 메타버스는 공간을, VR은 체험 자체만을 나타내는 것은 아닙니다.

VR은 결국 몰입감을 제공하기 위한 수단에 불과합니다. 메타버스라는 공간을 체험하기 위해 VR 고글을 사용하면 「내가 실제로 가상공간 안에 있다」는 높은 몰입감을 느낄 수 있고 체험의 질이 향상되는 것은 틀림없지만, **반드시 VR 고글 도입이 필수적이지는 않다**는 것을 염두에 두어야 합니다.

<table>
<tr><td>그림 7-1</td><td>3DoF와 6DoF의 차이</td></tr>
</table>

 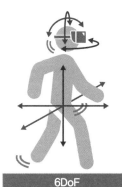

3DoF	6DoF
머리와 목에 따라 변화하는 기울기에 대응	머리와 목뿐만 아니라, 앉기/집기/전후좌우 이동과 같은 움직임에 대응

<table>
<tr><td>그림 7-2</td><td>각 메타버스 앱의 호환 환경</td></tr>
</table>

앱명	개발 회사	Meta Quest2	PC	PlayStation	스마트폰
VRChat	VRChat Inc.	O	O	X	△
Horizon Workrooms	Meta Platforms, Inc.	O	O	X	△
Rec Room	Rec Room, Inc.	O	O	O	△
Cluster	클러스터 주식회사	O	O	X	△
Ambr	주식회사 ambr	X	O	X	X

O: VR 호환　△: VR 표시에는 비호환　X: 비호환

Point

✔ VR 고글은 트래킹 방식과 호환 환경에 따라 선택하는 것이 좋다
✔ VR은 몰입감을 제공하기 위한 수단이며 메타버스 = VR이 필수는 아니다
✔ 메타버스 공간을 체험하는 방법은 자유롭게 결정할 수 있다

≫ 메타버스에서 사용되는 VR 고글의 종류

단독으로 동작하는 스탠드얼론 VR

현재 가장 많이 사용되는 VR 고글은 컴퓨터에 연결하지 않고 단독으로 동작하는 형태의 고글입니다. **외부 연결 없이 고글 자체로 동작이 완료**되는 것을 **스탠드얼론**이라고 합니다(그림 7-3).

스탠드얼론 VR 고글은 다른 VR 고글에 비해 간편하면서 추가 장비를 구입하지 않고도 체험할 수 있습니다. 세계에서 가장 많이 팔린 VR 고글인 Meta Quest 2도 스탠드얼론입니다.

하이엔드 VR과 스마트폰 VR

스탠드얼론 외에도 고성능 컴퓨터와 접속하는 **하이엔드 VR 고글**, 스마트폰과 결합하는 **스마트폰 VR 고글**이 존재합니다. 하이엔드 VR 고글은 SteamVR(7-5 절 참조) 호환 그래픽카드가 탑재된 컴퓨터나 PlayStation 4에 연결하여 작동하는 VR 고글입니다. 고해상도 그래픽을 표현할 수 있으며 트래킹 성능도 뛰어나 **높은 몰입감을 느낄 수 있습니다. 그러나 몇 가지 장비를 준비해야 하므로 다른 디바이스에 비해 도입 장벽이 높습니다.**

반면, 스마트폰에 연결하여 작동하는 스마트폰 VR 고글은 스마트폰 자체가 VR 고글이 되어 간편하게 도입할 수 있습니다. 점점 더 풍부한 그래픽 표현을 할 수 있게 되고 있으며, 하이엔드 VR 정도는 아니지만 표현의 폭이 넓어지고 있습니다(그림 7-4).

그러나 고성능 기기는 일부에 한정되거나 터치 패널을 VR 화면으로 만드는 성격상 조작 방법이 제한되는 등 문제가 남아 있습니다. 그 때문인지 메이저 메타버스는 스마트폰 VR과는 호환되지 않습니다.

그림 7-3 고글별 사용 방법

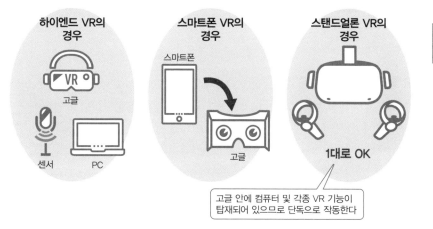

하이엔드 VR의 경우

고글

센서   PC

스마트폰 VR의 경우

스마트폰

고글

스탠드얼론 VR의 경우

1대로 OK

고글 안에 컴퓨터 및 각종 VR 기능이 탑재되어 있으므로 단독으로 작동한다

그림 7-4 각 고글의 성능과 가격

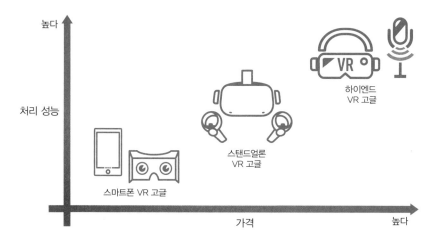

높다

처리 성능

하이엔드 VR 고글

스탠드얼론 VR 고글

스마트폰 VR 고글

가격   높다

Point

✔ VR 디바이스는 크게 스탠드얼론, 하이엔드 VR 고글, 스마트폰 VR 고글로 나뉜다

✔ 스탠드얼론 VR 고글은 PC가 필요 없이 단독으로 동작한다

✔ 하이엔드 VR 고글은 준비하는 데 장벽은 높지만 높은 몰입감을 느낄 수 있다

≫ VR 구조와 기술

VR 체험을 표현하는 메커니즘

VR 고글을 이용한 VR 체험은 다양한 하드웨어를 결합하여 구현되고 있습니다. 원래 사람의 눈은 좌우의 눈에 비치는 영상의 미묘한 차이를 통해 물체와의 거리 및 각각의 크기를 인식합니다. VR 고글도 이 메커니즘을 활용해 좌우의 눈에 약간 다른 영상을 표시함으로써 입체적인 공간을 재현하는 것입니다

위치 추정에는 장비 내부에 탑재된 센서를 이용한 **인사이드아웃 방식**과 외부 센서를 이용한 **아웃사이드인 방식**의 두 가지 종류가 있습니다. **어떤 방법이 사용되는지는 VR 고글마다 다릅니다**(그림 7-5). 최근에는 머리의 트래킹 외에도 카메라나 적외선 센서로부터 손의 위치를 추정하는 핸드 트래킹, 눈의 위치를 추정하는 아이 트래킹 등 몰입감이 높은 다양한 VR 체험을 구현하는 수단이 있습니다.

몸 전체를 표현하는 기술

일반적인 위치 추정은 VR 고글과 양손 컨트롤러 3점을 사용하여 진행합니다. 이에 더해 외부 하드웨어를 사용해서 머리와 손의 3점 이외에도 하반신의 움직임까지 재현하는 것을 **풀 바디 트래킹**이라고 합니다(그림 7-6).

풀 바디 트래킹을 진행할 때에는 트래커를 준비해야 합니다. 외부 센서로부터 적외선을 발사하고 트래커가 적외선을 감지하여 위치 추정을 하는 적외선식과 트래커에 내장된 센서로 가속도 · 각속도 · 방위 정보로부터 위치 추정을 하는 관성식의 두 가지 종류가 있습니다. 최근에는 관성식이 늘어나고 있으며, 적외선식에 비해 저렴하고 거대한 설비가 필요 없기 때문에 간편하게 트래킹할 수 있습니다.

그림 7-5   VR 고글별 대응 트래킹 기능

상품명	회사명	종류	위치 추정	바디 트래킹	핸드 트래킹	아이 트래킹
Meta Quest 2	Meta Platforms, Inc.	스탠드얼론	6DoF 인사이드아웃	O	O	X
HTC VIVE Cosmos	HTC Corporation	하이엔드	6DoF 인사이드아웃	O	O	X
HTC VIVE Pro Eye	HTC Corporation	하이엔드	6DoF 아웃사이드인	O	O	O
PlayStation VR	주식회사 소니 · 인터랙티브 엔터테인먼트	하이엔드	6DoF 아웃사이드인	O	O	X
VRG/ XEHR01BK	엘레컴 주식회사	스마트폰	3DoF	X	X	X

O: 대응   X: 비대응

그림 7-6   풀 바디 트래킹의 트래커 장착 예

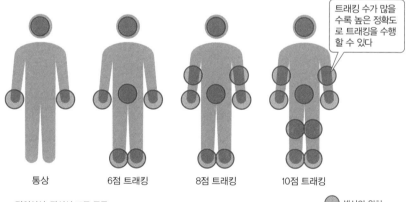

트래킹 수가 많을수록 높은 정확도로 트래킹을 수행할 수 있다

통상   6점 트래킹   8점 트래킹   10점 트래킹

※ 적외선식, 관성식 모두 공통   ⬤ 센서의 위치

Point
- ✔ VR 고글마다 위치 추정 방식과 트래킹할 수 있는 부분이 다르다
- ✔ 위치 추정 방식은 인사이드아웃 방식과 아웃사이드인 방식이 있다
- ✔ 전신을 트래킹하는 것을 풀 바디 트래킹이라고 한다

» 스탠드얼론으로의 체험

현재 가장 인기가 있는 VR 고글의 종류는 스탠드얼론 \\\\\\\\\\\\\\\\

스탠드얼론 VR 고글은 하이엔드 VR 고글에 비해 초기 비용이 저렴하고, 케이블 없이도 편안하게 사용할 수 있습니다. 하이엔드 VR 고글과 비교하면 영상 품질은 다소 떨어지지만 기본적인 그리기 성능은 보장되기 때문에 처음으로 VR 고글을 구입하는 경우 많이 선택하곤 합니다.

실제로 가장 많이 사용되는 VR 고글도 스탠드얼론인 Meta Quest 2입니다(그림 7-7). 많은 메타버스 앱이 Meta Quest 2와 호환 동작하는 점도 간과할 수 없습니다.

VR이 일반에 보급되기까지의 역사 \\\\\\\\\\\\\\\\

스탠드얼론 VR을 포함한 VR 고글은 지금까지 많은 발전을 거쳐 왔습니다(그림 7-8). VR 여명기인 2016년에는 일반용으로 6DoF를 지원하는 하이엔드 VR 고글이 많이 출시되었습니다. VR 고글 외에 고성능 PC를 준비해야 하기 때문에 도입 장벽이 높았으며 놀이공원에 설치되는 등 상업용으로 사용하는 경우가 많습니다. 이 해는 VR이 보급된 해로서 **VR 원년**이라고 합니다.

같은 시기에 스마트폰 VR도 많이 출시되었지만 우수한 VR 경험을 제공하지 못해 널리 보급되지는 않았습니다. 이후 하이엔드 VR보다 저렴하게 도입할 수 있고, 스마트폰 VR의 과제였던 3DCG의 낮은 그래픽 성능과 발열 문제를 해결한 VR 고글 수요가 생기면서 많은 회사가 개발을 진행했습니다.

그리고 2020년에는 스탠드얼론으로 동작하며, 저렴하고, 6DoF를 지원하는 VR 고글인 Meta Quest 2가 출시되어 지금까지 많은 사람들이 사용하고 있습니다.

그림 7-7 VR 고글의 점유율

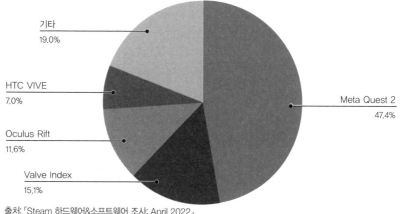

기타
19.0%

HTC VIVE
7.0%

Oculus Rift
11.6%

Valve Index
15.1%

Meta Quest 2
47.4%

출처: 「Steam 하드웨어&소프트웨어 조사: April 2022」
URL: https://store.steampowered.com/hwsurvey

그림 7-8 Meta Quest 2가 등장하기까지의 역사

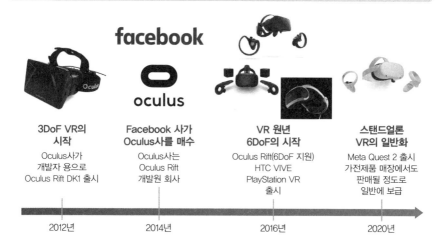

facebook

oculus

3DoF VR의 시작	Facebook 사가 Oculus사를 매수	VR 원년 6DoF의 시작	스탠드얼론 VR의 일반화
Oculus사가 개발자 용으로 Oculus Rift DK1 출시	Oculus사는 Oculus Rift 개발원 회사	Oculus Rift(6DoF 지원) HTC VIVE PlayStation VR 출시	Meta Quest 2 출시 가전제품 매장에서도 판매될 정도로 일반에 보급
2012년	2014년	2016년	2020년

Point

✔ 스탠드얼론 VR은 일반적으로 가장 널리 보급되어 있는 VR 디바이스이다

✔ Meta Quest 2는 스탠드얼론 VR 및 VR 고글 중 가장 인기가 있다

✔ 스탠드얼론 VR은 갑자기 등장한 것이 아니라 그에 이르기까지 다양한 개선
이 있었다

» PC를 이용한 체험

VR 고글을 사용하지 않는 메타버스 체험

PC를 사용하여 메타버스를 체험하는 방법에는 VR 고글을 사용하는 방법과 VR 고글을 사용하지 않고 PC의 디스플레이를 사용하는 방법이 있습니다. VR 고글을 사용하면 「내가 가상공간 안에 실제로 있다」는 강한 몰입감을 느낄 수가 있어 체험의 질이 향상되지만, VR 고글의 도입이 필수적이지는 않습니다.

VRChat에서는 VR 고글을 사용하는 사용자는 2명 중 1명 비율입니다(그림 7-9). PC로 체험하는 경우에는 먼저 VR 고글 없이 체험한 후, 자신의 용도에 맞는 체험 환경을 마련하는 것도 좋을 것입니다.

다양한 하이엔드 VR 고글

VR을 이용한 고품질 메타버스 체험을 원한다면 하이엔드 VR 고글이 좋은데, 어떤 측면에서 선택해야 할까요?

현재 선택할 수 있는 포인트는 몇 가지가 있습니다. 화면을 표현하는 격자의 세밀함을 나타내는 **해상도**, 1초에 화면이 몇 번이나 바뀌었는지를 나타내는 **주사율**, 어느 정도의 각도까지 화면을 정상적으로 볼 수 있는지를 나타내는 **시야각**이 있습니다(그림 7-10). 그림 7-10의 항목에 Meta Quest 2가 있는데, 보통은 스탠드얼론이지만 PC에 연결하면 하이엔드와 같은 작동을 하기 때문입니다.

그 외에도 센서의 유무, 가격대, **SteamVR** 대응 등이 있습니다. SteamVR은 **가상현실 체험의 기초가 되는 애플리케이션**으로 메타버스를 VR로 체험하기 위해서는 SteamVR을 통해 PC에서 인식해야 합니다. 일반적으로 판매되는 VR 고글은 SteamVR 대응이 기본입니다.

그림7-9 VRChat의 VR 고글 사용 비율

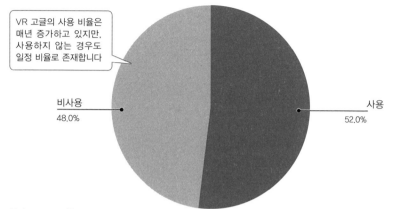

VR 고글의 사용 비율은
매년 증가하고 있지만,
사용하지 않는 경우도
일정 비율로 존재합니다

비사용
48.0%

사용
52.0%

출처: MoguLive「VRChat」의 동시 접속 사용자 수가 24,000명에 도달, 역대 최다로 VR 디바이스 사용률도 상승」
URL : https://www.moguravr.com/vrchat-14/

그림7-10 각 하이엔드 VR 고글의 성능

제품명	회사명	해상도	최대 주사율	시야각	외부 센서	가격
Valve Index	Valve Corporation	2280×3200	144Hz	130°	유	약 130만 원
Meta Quest 2	Meta Platforms, Inc.	2160×1200	120Hz	100°	유	약 40만 원
VIVE Pro 2	HTC Corporation	4896×2448	120Hz	120°	유	약 180만 원
VIVE Cosmos	HTC Corporation	2880×1700	90Hz	110°	무	약 80만 원

※Meta Quest 2는 PC와 연결하여 사용할 때의 성능

Point

✔ PC를 이용하면 PC의 디스플레이나 VR 고글을 통해 메타버스를 체험할 수
있다

✔ 하이엔드 VR 고글은 해상도, 주사율, 시야각을 기준으로 선택한다

✔ SteamVR은 가상현실 체험의 기초가 되는 애플리케이션이다

≫ 스마트폰으로 체험

아직 여러 문제가 존재하는 스마트폰 VR \\

스마트폰에서는 앱이나 브라우저 화면을 통해 메타버스를 체험할 수 있지만 **VR을 통한 메타버스의 체험은 아직 어려운 것**이 사실입니다. 왜 그럴까요? 가장 큰 이유는 조작 방법의 문제입니다. 스마트폰 조작은 전면의 터치 디스플레이로 이루어지지만, 그 터치 디스플레이가 VR용 화면으로 전환되면서 더 이상 터치 조작을 할 수 없습니다. 3D 멀미 또한 문제가 되는데, 이를 해결하기 위해서는 안정된 고FPS와 고해상도가 필수적이며 또한 장시간 사용할 때 발생하는 발열 문제도 있습니다.

예전에 스마트폰 VR 문제에 도전한 **기어 VR, 데이드림(Daydream)**이라는 제품이 있었습니다(그림 7-11). 모두 VR 고글에 스마트폰을 장착하여 VR 전용 화면으로 전환할 수 있습니다. 주목할 만한 점은 VR 고글을 장착하면서 전용 컨트롤러로 화면을 조작할 수 있었던 점입니다.

그러나 6DoF를 지원하지 않아 그래픽 처리 성능의 한계로 **뛰어난 VR 체험을 제공하지 못하여 일반에 보급되지 못했습니다.**

스마트폰을 컴퓨터로 사용하는 새로운 형태 \\

최근에는 스마트폰을 사용한 디바이스는 별도의 그래픽 표시 디바이스를 연결하고 스마트폰 본체의 화면에서는 그래픽 처리를 하지 않는 방법이 일반적으로 사용되고 있습니다. 또한 안경형 디바이스에서는 AR용 안경을 **AR 글라스**, VR용 안경을 **VR 글라스**라고 합니다(그림 7-12). 안경형은 안경처럼 착용하는 방식으로 고글형에 비해 본체 무게가 가벼운 것이 특징입니다(Meta Quest 2의 본체 무게는 503g).

현재의 메타버스에서는 기존의 VR 고글만 지원되고 있지만, **앞으로 새로운 디바이스와 메타버스가 융합함으로써 완전히 새로운 메타버스가 탄생할 가능성이 높습니다.**

그림 7-11 기어 VR과 데이드림

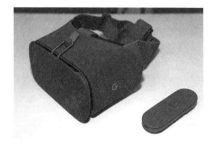

Gear VR
삼성전자
2015년 출시

Daydream
Google LLC
2017년 출시

모두 전용 컨트롤러가 있으며, 스탠드얼론의 원형이 될 수 있는 성능이었다

그림 7-12 AR 글라스와 VR 글라스

AR 글라스 예

VR 글라스 예

Nreal Light (88g)
Nreal Technology Ltd.
2021년 출시

VIVE Flow (189g)
HTC Corporation
2022년 출시

• 스마트폰을 컴퓨터로 사용한다
• 글라스 자체에 OS 및 배터리가 내장되어 있지
  않아서 88g의 가벼운 무게를 구현하고 있다

• 스마트폰을 컨트롤러로 사용한다
• 고글 단독으로 작동하는 시스템이 탑재되어 있다
• 배터리를 넣지 않아서 189g의 무게를 실현하고 있다

Point

✔ 현재 스마트폰에서 VR 메타버스 체험은 쉽지 않다

✔ 스마트폰 VR은 여러 가지 문제로 아직 널리 보급되진 않았다

✔ 안경형 디바이스를 이용한 새로운 메타버스 가능성이 존재한다

» AR 디바이스는 메타버스에 사용될 수 있는가?

분명히 존재할 수 있는 AR 메타버스 //

스마트폰 AR 게임 「포켓몬 고」의 기술 개발을 담당한 나이언틱의 창업자 존 행키 CEO는 현재의 VR 디바이스를 사용한 메타버스는 인간을 완전히 가상 시계에 가두므로 「디스토피안(암흑세계적)」이라고 비판하고 있습니다. 더불어 이러한 **VR 메타버스**에서의 체험은 모두 가상공간상의 것으로 가족이나 친구와의 연결 등 인간이 원하는 것을 얻을 수 없다고 말합니다.

이처럼 VR을 이용한 메타버스는 현실과는 별개로 새로운 세계를 만드는 사상입니다. 한편 AR을 이용한 메타버스는 **지금 있는 장소를 풍요롭게 만드는 사상**입니다. **AR 메타버스**에서는 현실의 복장에 더해 메타버스 내의 아바타의 복장이 링크되어 새로운 패션이 탄생할 수도 있습니다. 또한 외출 중인 장소의 정보를 심리스하게 수신할 수 있게 될 것입니다. 목적 시설의 평가, 장소, 역사 등의 정보가 메타버스를 통해 현실과 융합되어 새로운 경험이 기다리고 있을지도 모릅니다. 어느 쪽이 우수하다는 것이 아니라 다양한 사상이 있는 가상 세계가 여럿 존재하고, 우리가 자유롭게 선택하는 것이 메타버스의 미래 모습일 것 같습니다(그림 7-13).

AR 메타버스의 과제 ///

현재, AR 메타버스를 실현하기까지의 과제가 많이 있습니다. **메타버스를 현실로 재현하기 위한 3차원 지도를 자동으로 만드는 기술, 주위 환경을 즉각적으로 인식하는 기술, 체험 중인 내용을 다른 사람과 공유하는 기술, 이러한 3가지 기술로 만들어진 세상을 시뮬레이션해주는 기기가 필요합니다**(그림 7-14). 스마트폰을 통한 체험도 모색되고 있으나 심리스한 체험은 어렵고, 실용적인 안경과 같이 착용할 수 있는 유형의 기기 등장이 기대됩니다.

그림 7-13 AR 메타버스로 확장되는 현실 세계

현실의 풍경에
3D 모델 및
다양한 효과를
겹쳐서 표시

현지의 마커에 스마트폰을 대면 AR을 표시

AR 표시 화면

참고: ARGO AR 카메라를 풍경에 대고 에도시대의 이마바리성을 재현! 『이마바리성 AR』 출시
(URL : https://ar-go.jp/media/news/imabarujyou-ar)
관광 PR용 앱 『이와미킨잔 AR』 (URL : https://berise.co.jp/topics/iwamiar/)

그림 7-14 AR 메타버스를 실현하기 위한 세 가지 기술적 과제

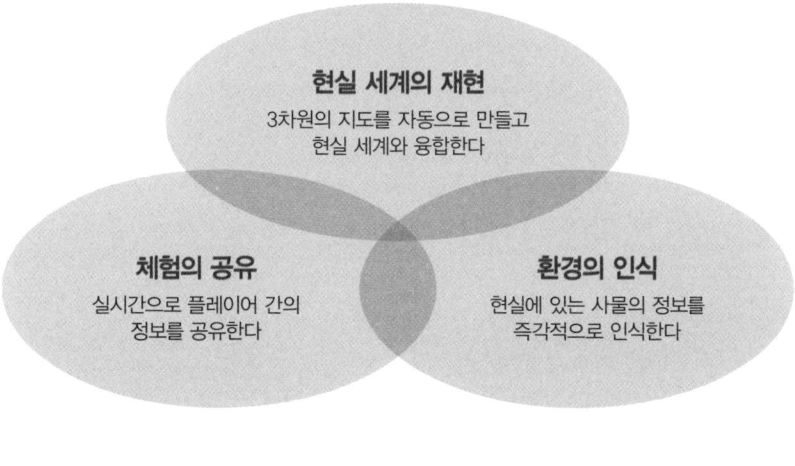

현실 세계의 재현
3차원의 지도를 자동으로 만들고
현실 세계와 융합한다

체험의 공유
실시간으로 플레이어 간의
정보를 공유한다

환경의 인식
현실에 있는 사물의 정보를
즉각적으로 인식한다

Point

✔ AR 디바이스를 이용한 AR 메타버스가 있다

✔ AR 메타버스는 현재 있는 장소를 풍요롭게 하는 사상이다

✔ 현재 AR 메타버스를 실현하려면 소프트웨어와 하드웨어의 발전이 필요하다

≫ 브라우저에서의 체험

웹 브라우저의 종류와 역할 \\\\\\\\\\\\\\\\\\\\\\\\\\\\\\\

웹 브라우저란 **웹 페이지를 볼 수 있는 애플리케이션 소프트웨어**입니다. 사용자가 입력한 주소(URL)로 웹 페이지를 관리하는 웹 서버에 데이터를 요청하여 HTML 파일, 스타일시트(CSS), 자바스크립트(JavaScript), 이미지 파일 등을 읽어 들여 지정된 레이아웃으로 표시하는 역할을 합니다.

대표적인 웹 브라우저로는 PC용인 구글 크롬(Google Chrome)이나 파이어폭스(Firefox), 마이크로소프트 엣지(Microsoft Edge)를 들 수 있으며, 맥에서는 사파리(Safari)가 기본적으로 사용됩니다(그림 7-15). 스마트폰이나 태블릿 기기의 경우 안드로이드에서는 크롬, iOS에서는 사파리가 기본적으로 설치되어 있습니다. 이와 같이 웹 브라우저는 기기나 OS마다 기본적으로 사용되는 것이 다릅니다.

웹 브라우저에서의 다양한 체험 방법 \\\\\\\\\\\\\\\\\\\\\\\\\\\

웹 브라우저에서의 경험은 PC의 디스플레이나 스마트폰 화면에서 즐기는 것이 일반적이지만 「WebXR Device API」라는 기술을 사용하면 **외부 장치와 연계할 수 있습니다**.

「WebXR Device API」란 웹 브라우저에서 VR 장치를 인식하여 각 장치의 방향이나 움직임 등의 상태를 가져오기 위한 기술입니다. 이 기술을 사용하면 센서나 헤드마운트 디스플레이와 같은 VR/AR 장치와 연동해 웹 상의 콘텐츠를 VR로 즐길 수 있습니다. 다만 WebXR의 기술은 아직 개발 초기 단계로 불안정하고 성능은 장치의 사양에 의존한다는 점에 주의해야 합니다.

또한 **스마트폰용 VR 고글을 사용하는 방법도 있습니다**. 브라우저에서 콘텐츠를 표시한 상태로 스마트폰을 VR 고글에 장착하는 것만으로 손쉽게 VR을 체험할 수 있습니다(그림 7-16).

그림 7-15 주요 웹 브라우저

서비스명	구글 크롬	파이어폭스	마이크로소프트 엣지	사파리
개발사	구글	모질라	마이크로소프트	애플
주요 지원 OS	•Windows •Android •MacOS •iOS	•Windows •Android •MacOS •iOS	•Windows •Android •MacOS •iOS	•MacOS •iOS

그림 7-16 브라우저에서 메타버스를 체험하는 방법

PCL나 스마트폰의
화면에서 체험

PC에 디바이스 연결
(WebXR Device API를 사용해서 연동)

스마트폰을
VR 고글에 장착

Point
✔ 웹 브라우저는 웹 페이지를 열람하기 위한 애플리케이션 소프트웨어다
✔ 「WebXR Device API」를 사용하면 외부 디바이스와 연동할 수 있다
✔ 스마트폰용 VR 고글을 이용하여 체험하는 방법도 있다

>> 블록체인 기술을 활용한 애플리케이션

대표적인 블록체인 앱

이 절에서는 블록체인 기술을 활용한 애플리케이션의 예를 몇 가지 소개합니다. 그 대표적인 예로는 **The Sandbox**가 있습니다. The Sandbox에서는 **가상 세계의 구획이나 부동산, 캐릭터 등이 NFT로 블록체인으로 관리됩니다**(그림 7-17). 그 구획 내에서 게임이나 디오라마 등을 만들어 다른 플레이어들에게 게임을 즐길 수 있게 할 수 있습니다.

또한 만든 게임이나 디오라마를 다른 플레이어에게 유료로 제공하거나 게임 내에서 만든 아이템을 NFT 마켓플레이스에 등록해 수입을 얻을 수 있습니다. 토지나 **만든 시설을 이용해 부동산 수익을 얻을 수도 있습니다.**

VR로 체험할 수 있는 블록체인 앱

VR 장치로 체험할 수 있는 블록체인 앱도 등장하고 있습니다(그림 7-18). **Decentraland**는 가장 오래된 메타버스 개념의 블록체인 프로젝트로 2015년에 아리 메이리치(Ari Meilich)와 에스테반 오르다노(Esteban Ordano)의 손에 의해 2D 플랫폼으로 탄생했습니다. 그 후 VR과 블록체인 기술을 결합한 가상공간 플랫폼으로 진화를 했습니다. 이더리움 기반으로 구축되어 Decentraland 내에서는 MANA 라는 독자적인 암호화폐가 사용됩니다.

Cryptovoxels은 뉴질랜드의 Nolan Consulting Limited의 소유자인 벤 놀란(Ban Nolan)이 중심이 되어 개발을 진행하는 이더리움 블록체인을 활용한 3D 가상 세계 입니다. **Somnium Space**는 가장 VR에 초점을 맞춘 프로젝트로 지금까지 100만 달러의 자금 조달을 진행했습니다. 이미 VR 장치로 체험할 수 있으며, 가상 세계의 구획이나 부동산 등이 NFT로 블록체인에서 관리됩니다.

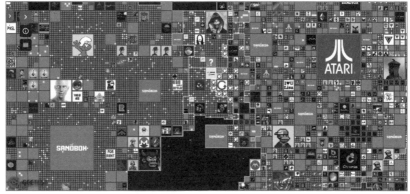

「LAND」라고 하는 토지의 소유자가 설정한 로고가 표시되어 있다
참고: https://www.sandbox.game/kr/map/

그림 7-18 | 주요 블록체인 앱

서비스명	The Sandbox	Decentraland	Cryptovoxels	Somnium Space
블록체인	이더리움	이더리움	이더리움	이더리움
사용 통화	SAND	MANA	이더리움	Cubes
주요 특징	세계에서 4,000만 DL을 기록한 모바일 게임의 블록체인 버전	가장 오래된 블록체인 프로젝트	블록체인 기반으로서는 첫 VR 대응 프로젝트	이중에서는 가장 VR에 초점을 맞춘 프로젝트

참고: baaS Info「메타버스와 블록체인이 가져올 NFT의 미래」
(URL: https://baasinfo.net/?p=5833)

Point
✔ 블록체인에서는 토지나 아이템 등이 NFT로 관리된다
✔ 토지나 아이템을 활용하여 수익을 얻을 수 있다
✔ VR 장치로 체험할 수 있는 블록체인 앱도 등장하고 있다

≫ 블록체인 앱의 과제

빠르지 않은 처리 속도 //

요즘 들어 갑자기 주목을 받고 있는 블록체인 기술이지만 몇 가지 과제도 남아 있습니다. 우선 트랜잭션 **처리 속도** 문제입니다.

분산형 데이터베이스를 이용하는 블록체인의 승인 작업에는 막대한 프로세스가 필요합니다. 현재, 대표적인 블록체인인 비트코인이나 이더리움은 **중앙 관리형 데이터베이스인 기존 신용카드와 비교해서 처리 속도는 빠르지 않습니다**(그림 7-19).

블록체인을 이용하는 사람이 늘어남에 따라 블록체인 내의 트랜잭션 양이 증가하여 트랜잭션 완료까지의 속도 저하가 점점 심각해집니다. 그러나 처리 속도가 빠른 블록체인도 개발되고 있으며, 매일 다양한 커뮤니티에서 개선이 이루어지고 있습니다.

블록체인에도 보안 문제는 존재한다 ////////////////////////////////

다음으로 **보안** 문제입니다. 불특정 다수가 참여할 수 있는 블록체인은 **퍼블릭 블록체인**이라고 하며, 기본적으로 오픈되어 있어 누구나 참여할 수 있기 때문에 **악의적인 사용자의 참여를 배제할 수 없습니다**. 이에 대응하여 중앙 관리자가 존재하고 참가자를 제한함으로써 퍼블릭형의 단점을 해결하는 특징을 갖춘 **프라이빗 블록체인**이나 컨소시엄 블록체인도 있습니다. 그러나 이들은 중앙관리자에 대한 신뢰에 의존하기 때문에 비중앙집권형이라는 블록체인 본래의 특징이 희생되는 부분도 있다고 할 수 있습니다(그림 7-20).

또한 **결제에서 중요하게 여겨지는, 기대한 금액이 확실하게 손에 들어오는 「파이널리티」를 보장할 수 없다는 문제**도 있습니다. 블록체인에서는 항상 동시다발적으로 여러 블록이 생성되며, 그때마다 체인의 분기가 발생할 수 있으므로 거래 내용이 뒤집힐 가능성을 완전히 없앨 수는 없기 때문입니다.

그림 7-19 처리 속도의 비교

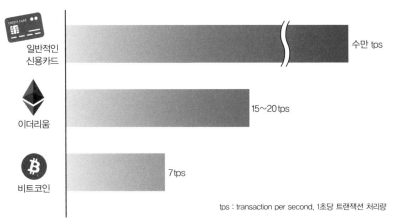

일반적인
신용카드 — 수만 tps

이더리움 — 15~20 tps

비트코인 — 7 tps

tps : transaction per second, 1초당 트랜잭션 처리량

블록체인의 처리 능력은 일반적인 신용카드에 비해서 크게 떨어진다

그림 7-20 퍼블릭형과 프라이빗형 블록체인의 차이

	퍼블릭형	컨소시엄형	프라이빗형
관리자	없음	여러 조직	단일 조직
네트워크 참가자	불특정 다수	특정 여러 명	조직의 소속자
합의 형성	PoW, PoS 등 (엄격)	특정자 간의 합의 (엄격한 승인은 불필요)	조직 내 승인 (엄격한 승인은 불필요)
승인 속도	저속	고속	고속
이용 모델	암호화폐	금융 기관 등	금융 기관 등

Point
- ✔ 블록체인의 처리 속도는 빠르지 않다
- ✔ 퍼블릭 블록체인에서는 악의적인 사용자를 배제할 수 없다
- ✔ 결제에서 파이널리티를 보장하는 것이 과제이다

해상도와 주사율

이 장에서는 메타버스를 체험하는 다양한 방법을 소개했습니다. 그중에서도 7-5 절에서 해상도와 주사율에 대해 설명했습니다.

아래는 역자가 사용하고 있는 PC의 해상도와 주사율입니다. 데스크톱의 해상도는 「2560×1600」인 것을 알 수 있습니다. 이것은 디스플레이의 가로에 2,560개, 세로에 1,600개의 도트가 깔려있다는 의미로, 같은 크기의 디스플레이일수록 이 해상도의 값이 클수록 섬세하고 아름다운 이미지를 표시할 수 있습니다.

주사율은 「59.972Hz」로, 이것은 1초에 약 60회 화면이 갱신되는 것을 의미합니다. 이 값이 클수록 영상이 부드럽게 표시되는 것처럼 느낍니다.

> 🖵 **Color LCD**
> 디스플레이 1: Intel(R) Iris(TM) Graphics 6100에 연결됨
>
> 바탕 화면 해상도   2560 × 1600
> 활성 신호 해상도   2560 × 1600
> 새로 고침 빈도(Hz)   59.972 Hz

Windows 10 PC를 사용하고 있는 경우, 「시작→시스템→디스플레이→고급 디스플레이 설정」에서 디스플레이 해상도와 주사율을 확인할 수 있습니다. 스마트폰의 디스플레이나 VR 고글 등의 기기에도 각각 이 항목이 설정되어 있으므로 소지하고 있는 기기를 확인해 보세요.

Chapter 8

비즈니스에서 메타버스 활용법

회사의 비즈니스에 메타버스를 활용하려면?

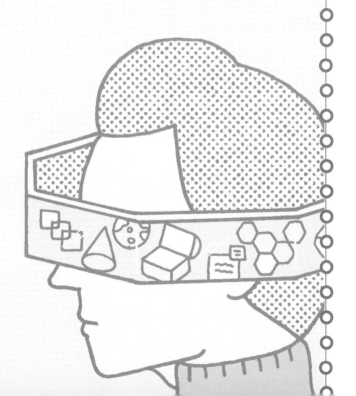

≫ 코로나와 메타버스

코로나로 일어난 변화 \\

신종 코로나 바이러스의 감염 확산으로 인해 우리의 삶은 크게 변화했습니다. 일과 직장에서의 업무 방식부터 일상생활에 이르기까지 대면 커뮤니케이션이 줄어들고, 다양한 활동이 온라인상에서 이루어지게 되었습니다. 인터넷 쇼핑, 게임, 동영상 콘텐츠 시청, 온라인 회의 등은 **코로나로 인한 활동 자제로 인해 증가한 온라인 활동입니다**(그림 8-1).

이러한 온라인 활동 속에서 실재감이 있는 교류의 증가 등이 메타버스의 인기를 뒷받침하고 있다고도 할 수 있습니다. 온라인 게임을 비롯해 사람과의 연결이나 교류가 가상에서 더욱 증가한 것, 기존 점포형 비즈니스를 가상에서 재현할 수 있는 것 등 메타버스는 비즈니스 측면에서의 필요성이 커지고 있습니다. 아직 발전 단계이긴 하지만 비즈니스 관점에서의 기대는 더욱 커지고 있습니다.

비즈니스로의 기대 \\

대면 비즈니스를 하던 기업이나 상점들은 코로나로 인한 활동 자제로 인해 다양한 아이디어와 개선책을 도입해 왔습니다. 예를 들면, 이벤트나 전시회 등을 개최할 수 없게 되고 인원 제한을 하는 등 지금까지와는 다른 개최 방법을 찾아야만 했습니다.

그런 가운데 가상공간에서 이벤트나 전시회를 개최하는 활동이 시작되었습니다. 기업이 대면이 아닌 **가상공간에서 이벤트**를 개최하고, 고객들은 아바타로 참여하는 형식입니다(그림 8-2).

이 새로운 이벤트 스타일도 코로나 이후 늘어난 시도 중 하나로 **이 가상공간상의 이벤트나 전시회를 도입하는 기업들이 점점 늘고 있습니다.**

그림 8-1 코로나에 의한 활동 변화

온라인 활동의 증가

동영상 시청

인터넷 쇼핑

온라인 회의

게임

메타버스

그림 8-2 가상공간에서의 활동

가상 이벤트·전시회
CG로 어떤 것이든 가능, 가상이기에 가능한 연출도

Point

✔ 코로나로 온라인 활동이 늘면서 메타버스도 고조되기 시작했다

✔ 가상공간에서의 이벤트가 화제가 되기 시작했다

✔ 기업들이 다양한 형태로 가상 이벤트를 도입하기 시작했다

» 가상공간을 활용한 비즈니스의 전개

주목받는 가상공간 비즈니스

신종 코로나바이러스 감염증 확산의 영향으로 기업과 개인이 가상공간으로 활동의 장소를 옮기기 시작했습니다. **기업이 가상공간으로 활동을 옮기는 이유는 대면의 대체 수단뿐만 아니라 새로운 것에 도전하는 장으로서 그리고 마케팅 및 고객 충성도 획득 등 다양한 이유가 있습니다**(그림 8-3).

가상공간에서는 아바타끼리의 교류, **가상이기에 가능한 연출** 등 특유의 장점이 있습니다. 기업 소개나 제품 홍보 등을 기업만의 독특한 세계관(독자적인 공간이나 연출)으로 표현하면서 기업과 고객이 아바타를 통해 커뮤니케이션을 함으로써 웹 페이지, 이커머스와는 다른 체험을 제공할 수 있을 것으로 여겨집니다. 이러한 가상공간에서의 경험 및 소통을 포함한 서비스는 비즈니스 분야에서 활용되기 시작했습니다.

현실 세계와 가상공간의 융합

다양한 활동이 가상공간상에서 전개되더라도 가상공간만으로 성립되는 것은 어렵고, 현실 세계에서만 얻을 수 있는 경험도 물론 존재합니다. 가상 전시회의 경우에도 가상공간상에서의 제품이나 기업 브랜드, 목적(기업의 존재 의의) 등을 어떻게 표현하고, 그것을 현실 세계의 구매 행동이나 고객 획득으로 어떻게 연결해 나갈 수 있을지가 과제일 것입니다.

가상과 현실 세계의 벽이 사라지기 시작한 현대에서는 가상공간이 인식 획득의 장, 브랜드 접점의 장이 될 수 있습니다. **가상공간 비즈니스와 현실 세계 비즈니스를 어떻게 조합하여 효과적으로 활용할 수 있는지**가 하나의 포인트가 될 것입니다(그림 8-4).

지금까지의 온라인 경험(인터넷 쇼핑 등)과는 다른, 새로운 경험(구매 경험)이 여기에 존재한다고 생각됩니다.

그림 8-3 | 가상공간 비즈니스의 활용 예

- 대면의 대체 수단
- 신규 사업으로서
- 브랜드 접점
- 마케팅
- 광고
- 고객 충성

그림 8-4 | 현실 세계 + 가상 세계의 활용

현실과 가상의 활용이란?

현실 세계(리얼)
고객 획득/구매 행동

고객과 기업 및 상품과의 관계성을 가상 세계과 연결하고, 다져 나간다

현실 세계와 가상 세계의 벽은 사라진다

가상이기에 가능한 연출·표현으로 고객의 관심도를 높인다

가상공간(버추얼)
브랜드 접점/
고객 충성
기업 PR/제품 소개

VIRTUAL WORLD CUP

Point
- ✔ 다양한 이유 및 목적으로 기업은 가상공간을 활용하기 시작했다
- ✔ 가상공간만의 표현과 연출을 할 수 있다
- ✔ 현실과 가상 세계를 어떻게 조합할지가 앞으로의 핵심 포인트가 된다

한 Chapter 8 / 비즈니스에서 메타버스 활용법

≫ 가상공간과 온라인과의 차이

가상공간은 지속성이 있는 공유 공간 //

지금까지의 온라인 툴(웹 페이지, 동영상 시청 콘텐츠, 화상 회의 등)과 가상공간(버추얼)에는 몇 가지 차이점이 있습니다.

가상공간에는 화상 회의와는 달리 **지속성이 있는 공간**이 존재합니다. 화상 회의에서는 발급된 URL로 지정된 시간에 입장하여 시간이 지나면 끝납니다. 거기에는 지속 가능한 장이 존재하지 않으며 화상 통화만 할 수 있습니다. 사람과의 커뮤니케이션은 의도적이며 어떤 목적이 있을 때 활용하는 도구입니다. 반면 가상공간에서는 사람(아바타)이 존재할 수 있는 「장(場)」이 지속성을 갖고 있습니다(그림 8-5). 사람들은 그 장에서 열리는 이벤트에 참여하고 거기에 있는 사람(아바타)과 소통을 합니다. 가상공간에서는 이미 존재하는 장에 아바타로 참여해 모임으로써 우연한 만남이나 커뮤니케이션이 생기게 됩니다.

다른 사람과 함께 무언가를 하거나, 보거나, 움직임으로써 가상공간상에서는 **경험을 공유할 수 있다는 것**도 온라인 도구와의 차이입니다.

보는 것이 아니라 거기에 있는 느낌 //

이전의 온라인 도구나 인터넷은 2D로 「보는」 경험이었습니다. 반면에, 메타버스는 지속적인 3D 가상공간에서 아바타를 통해 사람으로서의 존재감을 가지면서 사용자는 동일 공간을 공유할 수 있어 거기에 「있는」 느낌을 느낄 수 있습니다(그림 8-6). **「보는 것」이 아니라 「있는」 체험이야말로 인터넷이나 지금까지의 온라인 도구와의 큰 차이라고 할 수 있습니다.** 그리고 이 「있는」 감각을 활용해 가상공간에서만 할 수 있는 체험, 커뮤니케이션 등 다양한 비즈니스가 전개되고 있습니다.

그림 8-5 가상공간에는 사람이 존재할 수 있는 「장」이 있다

사람이 존재할 수 있는 「장」은 없다

웹 페이지

인터넷 쇼핑

화상 통화

온라인 회의

• 시간이 되면 화상 회의는 끝난다
• 누군가를 만나는 공간은 존재하지 않는다

사람(아바타)이 존재할 수 있는
「장」이 가상공간에는 있다

가상공간

아바타　　아바타

지속성이 있는 공간에
사람이 아바타로서 참여한다

그림 8-6 2D 정보를 「보는 것」이 아닌 3D 공간에 「있는」 느낌

2D 정보를 「보는 것」

3D 가상공간에 「있는」 느낌

Point

✔ 가상공간에서는 사람이 참여할 수 있는 지속적인 장이 존재한다
✔ 아바타를 통해 다른 사람들과 같은 공간이나 경험을 공유할 수 있다
✔ 「보는」 것이 아니라 「있는」 경험이 온라인 도구와의 차이점이다

≫ 메타버스에서 비즈니스가 되는 것

사람의 욕구를 충족하는 메타버스 비즈니스 //

가상공간에서 「있는」 느낌으로 아바타를 자신의 취향에 맞게 설정하다 보면, 자기표현의 수단으로 아바타를 꾸미고 싶어집니다. 아바타에 아이덴티티가 존재한다는 의미에서 보면 유명한 매슬로의 욕구 5단계에서 말하는 사회적 욕구와 존경 욕구가 **메타버스에서의 비즈니스**로 성립될 수 있습니다. 실제로 에픽게임즈(Epic Games)가 판매 및 배포하는 『포트나이트』를 비롯해 아바타 옷 갈아입히기 등의 디지털 패션은 큰 산업이 되고 있습니다. 또한 마인크래프트와 같이 자유롭게 블록을 배치하여 건축을 즐기면서 자신을 표현하는 것이나 커뮤니티에 참여하면서 협력하여 플레이하는 것 등 **사회적 욕구나 존경 욕구는 메타버스 상에서도 존재합니다**(그림 8-7).

또한 메타버스 상에서 꿈을 이루고, 자신의 이상에 가까워지고 싶다는 자기실현 욕구도 생길 것입니다. 가수가 되고 싶은 VTuber(2-8 절 참조) 등 메타버스에서도 현실 세계와 마찬가지로 사람들의 욕구를 만족시키는 것이 비즈니스로 성립될 수 있을 것입니다. 앞으로 메타버스에서 경제 활동이 보편화되면 거기에서 자아실현을 목표로 하는 사람이 많아질 수 있습니다.

메타버스 내의 경제 활동 ///

현재, 일부 가상 이벤트나 온라인 게임의 가상공간에서도 경제 활동이 이루어지고 있지만 아직까지는 보급되었다고 할 수는 없습니다. 유명인뿐만 아니라 누구나 쉽게 가상공간에서 부담없이 경제 활동을 할 수 있는 환경이 구축되면, 메타버스나 가상공간 비즈니스는 더욱 확대될 것입니다. **메타버스와 경제 활동의 보급이 앞으로의 가상공간 비즈니스 확장의 포인트가 될 것입니다**(그림 8-8).

그림 8-7 사람은 가상에서도 욕구를 충족시킬 수 있다

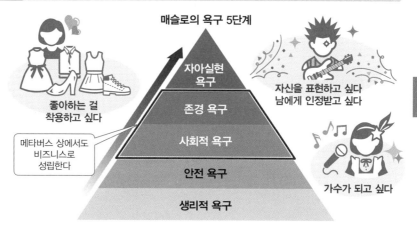

매슬로의 욕구 5단계

자아실현
욕구

존경 욕구

사회적 욕구

안전 욕구

생리적 욕구

좋아하는 걸
착용하고 싶다

메타버스 상에서도
비즈니스로
성립한다

자신을 표현하고 싶다
남에게 인정받고 싶다

가수가 되고 싶다

그림 8-8 앞으로의 열쇠가 될 메타버스와 경제 활동

가상공간

경제 활동

메타버스와 경제 활동의 보급이 앞으로의 가상공간 비즈니스 확장의 포인트이다

Point

✔ 메타버스에서도 사람의 욕구(사회적 욕구나 존경 욕구 등)는 존재하며, 욕구를 충족시키는 메타버스는 비즈니스로 성립하기 쉽다

✔ 메타버스 내의 경제 활동 보급이 앞으로의 가상공간 비즈니스 확장의 포인트가 된다

» 디지털 트윈으로서의 메타버스

디지털 트윈이란? //

디지털 트윈은 현실 세계의 물리적 공간에서 정보나 데이터를 수집하여 가상공간상에 재현하는 기술입니다. 현실 세계의 물리적인 것으로부터 정보를 수집하여 디지털 공간에 복사하기 때문에 「디지털 쌍둥이」라는 의미를 포함하고 있습니다.

디지털 트윈은 미래의 물리적 공간의 변화를 가상공간상에서 시뮬레이션할 수 있으며, 미래에 일어날 것으로 예상되는 물리적 공간의 변화에 대비할 수 있습니다. 디지털 트윈이 기존 시뮬레이션과 다른 점은 「**실시간성**」과 「**현실 세계와의 연동**」입니다. 일반적인 시뮬레이터는 현실의 사상을 분석하여 가정하기 때문에 현실과 연결되어 있는 것은 아니며, 실시간성도 낮아지는 경향이 있습니다. 이에 비해 디지털 트윈은 현실 세계의 정보를 실시간으로 가상공간상에 재현하여 그것을 기반으로 미래 예측을 하게 되므로, 보다 시기적절하며 현실적인 시뮬레이션을 할 수 있습니다(그림 8-9).

디지털 트윈의 활용 //

디지털 트윈은 다양한 분야에서 활용되고 있습니다(그림 8-10).

예를 들어, 제조업에서는 제품이나 제조 라인의 장애 시에 실시간 데이터를 분석하여 고장 원인을 특정하는 설비 보전 관계나 가상공간상에서 제품 개선이나 시제품 제작을 반복적으로 수행하여 품질 향상, 시제품에 대한 리스크나 비용 절감 등에 활용되고 있습니다.

재해 관리에서는 기후 변화 모니터링 데이터를 기반으로 피해 예측 및 최적의 지원 계획 수립 등이 진행되고 있습니다. 또한 도시의 시설 가동, 소비자 행동 등의 다양한 데이터를 기반으로 인프라 및 시설 운영 업무 최적화, 기업 및 생활자의 편의성 향상을 목표로 하는 스마트 시티에서의 활용도 시작되고 있습니다.

그림 8-9 디지털 트윈의 이미지

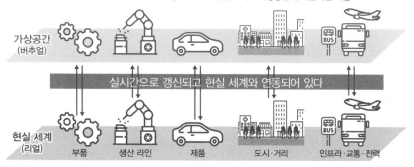

디지털 트윈이란?

현실 세계의 물리 공간에 있는 정보 및 데이터를 모아서 가상공간에 재현하는 기술

가상공간
(버추얼)

실시간으로 갱신되고 현실 세계와 연동되어 있다

현실 세계
(리얼)　부품　생산 라인　제품　도시·거리　인프라·교통·전력

그림 8-10 디지털 트윈의 활용 사례

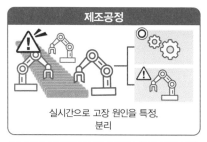

제조공정

실시간으로 고장 원인을 특정,
분리

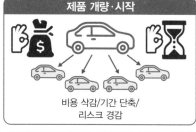

제품 개량·시작

비용 삭감/기간 단축/
리스크 경감/

재해 예측과 지원 계획

데이터

재해 동태 분석 》》

피해 예측,
구호 계획 수립 등

스마트시티

현실의 사건을 데이터로

현실의 세계
(물질적 공간)

디지털 트윈
(디지털 공간)

예측 분석을 현실에 활용

도시·인프라·시설의 최적화
편리성 향상 등

Point

✔ 디지털 트윈은 현실 세계의 정보를 디지털 공간에 복사하는 기술이다

✔ 디지털 트윈의 특징은 실시간이며 현실과의 연동이다

✔ 디지털 트윈은 제조업을 비롯하여 다양한 분야에서 활용되고 있다

≫ O2O · OMO로서의 비즈니스 활용

점포 비즈니스와 메타버스

메타버스를 비즈니스에 활용할 수 있는 것은 NFT 등의 디지털 데이터를 판매할 수 있는 기업만이 아닙니다. 가상공간이 아닌 **현실 세계에 점포를 갖고 있는 상점에서도 아이디어에 따라 메타버스를 활용할 수 있습니다.**

실제 점포 비즈니스와 메타버스를 결합하기 위해서는 크게 2가지 방법을 생각할 수 있습니다. 하나는 **메타버스 공간에서 광고 등을 해서 실제 점포를 방문하도록 하는 방법**으로 O2O(Online to Offline)라는 방식입니다. 다른 하나는 **메타버스와 실제 점포를 구분 없이 생각하며, 각각을 연계하여 비즈니스를 하는 방법**인 OMO(Online Merges with Offline)라는 방식입니다(그림 8-11).

O2O와 OMO의 차이점

O2O와 OMO는 이름도 비슷해서 그 차이를 구분하기가 조금 어려울 수 있습니다. 구체적인 예를 들면, 웹 광고나 SNS 등에서 실제 매장을 광고하거나 쿠폰을 제공함으로써 비즈니스로 연결하는 방법이 O2O입니다. 온라인과 오프라인 각각의 역할을 분명히 나눠서 하는 것이 특징입니다.

한편 OMO는 온라인과 오프라인이 융합된 것을 지칭합니다. 예를 들어, 실제 매장에 있는 상품의 바코드를 읽으면 캐시리스 결제를 할 수 있고, 상품을 옮기지 않아도 그 상품이 집까지 배송되는 시스템입니다. 이것은 단지 예시지만, 고객이 온라인과 오프라인 구분 없이 서비스 체험을 할 수 있는 체계가 OMO입니다.

이러한 O2O, OMO의 관점에서 메타버스를 바라보면 기존의 비즈니스에서도 다양한 비즈니스 기회가 생긴다고 볼 수 있으며, 지금까지 없던 서비스 체험이 탄생할 수도 있습니다(그림 8-12).

그림 8-11　O2O와 OMO

O2O

앱　EC 숍　SNS

온라인에서 오프라인으로
고객 유치하기

OMO

앱　EC 숍　SNS

디지털 데이터

온라인과 오프라인을
연계한다

그림 8-12　메타버스와 O2O · OMO의 결합 예시

O2O　　　　　OMO

SUPER
SALE
50%

메타버스 공간에서 실제 점포의
프로모션을 실시한다

메타버스에서 시착한 상품을 구매하면
집으로 배송된다

Point

✔ 실제 매장을 운영하는 비즈니스도 메타버스를 활용할 수 있다
✔ 온라인에서 실제 매장 등으로 고객을 모으는 방식을 O2O라고 한다
✔ 온라인과 실제 매장을 구분하지 않고 체험을 제공하는 방식을 OMO라고 한다

≫ 데이터를 비즈니스로 활용한다

데이터 활용이 메타버스의 열쇠 \\\

메타버스 비즈니스 활용에 대해서는 「메타버스로부터 얻을 수 있는 데이터를 실제 비즈니스에 어떻게 활용할 수 있는가」라는 관점도 중요합니다. 메타버스는 디지털 공간이기 때문에 서비스에 등록한 사용자의 고객 데이터, 행동 데이터, 판매하고 있는 상품의 조회·구매 데이터 등 다양한 **데이터를 수집·분석**할 수 있습니다.

또한 메타버스에서는 VR과 결합하여 더 많은 데이터 수집도 할 수 있습니다(그림 8-13). 예를 들면, 사용자가 「어떤 순서로 상품을 조회했는지」 「어느 상품에 관심을 갖고 있는지」 등의 정보를 **실제 사용자의 몸의 움직임과 함께 데이터화해서 사용자의 시선을 영상으로 남길 수도 있습니다.**

테스트 마케팅 도구로서의 메타버스 \\\

메타버스는 디지털 트윈으로 현실 세계와 유사한 공간을 재현할 수 있습니다. 따라서 메타버스 내에서는 현실에서는 어려운 것을 손쉽게 시험해 볼 수 있어, 기업의 **테스트 마케팅**에도 활용할 수 있습니다(그림 8-14).

예를 들어, 「다양한 디자인의 자동차를 메타버스 내에서 시승하게 하고 평판을 듣는다」 「메타버스 내의 편의점에 놓는 상품의 진열을 바꿔서 매출을 비교한다」 등 아이디어에 따라 다양한 비즈니스의 테스트 마케팅에 활용할 수 있을 것입니다.

물론 메타버스에서 현실 세계와 똑같은 상품 체험을 하게 하는 것은 아직 어려운 상황입니다. 하지만 상품 개발 전에 상품의 모니터링 테스트를 수행하거나 예약 판매로 이어질 수 있다면, 중소 벤처 기업에서도 새로운 비즈니스를 쉽게 시도할 수 있습니다.

그림 8-13   메타버스에서 얻을 수 있는 데이터

행동 데이터

시점 데이터

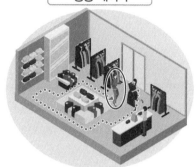

사용자가 메타버스 공간에서
어떻게 이동했는지, 사람들과 어떻게
소통을 했는지 등

사용자가 실제로 어떻게
점포나 상품을 봤는지,
얼마나 오래 상품을 봤는지 등

그림 8-14   메타버스에서의 테스트 마케팅 예

상품 테스트

판매 테스트

• BAKERY •

상품의 디자인이나 사용법과
기능 등 상품의 판매 전에
다양한 요소를 테스트한다

상품을 판매하는 장소, 가격,
프로모션 방법, 패키지 등을
판매 전에 테스트한다

Point   ✔ 메타버스에서는 다양한 데이터를 수집하여 비즈니스에 활용할 수 있다
                 ✔ VR로 메타버스에 참여하면 시점이나 움직임 등 상세한 데이터도 얻을 수 있다
                 ✔ 실제 상품 판매 전에 테스트 마케팅을 할 수도 있다

≫ 메타버스를 직접 구축할 필요는 없다

메타버스를 개발하는 것은 비현실적? ////////////////////////////////////

최근 메타버스에 관한 다양한 뉴스에 영향을 받아「우리 회사에서도 메타버스를 구축해 비즈니스에 활용하고 싶다!」고 생각하는 분들이 늘어나고 있습니다. 그러나 많은 기업에게 있어서 직접 메타버스를 구축하는 것은 쉽지 않으며, 비즈니스로서 실패할 가능성도 높습니다(그림 8-15).

메타 등 IT 대기업 및 대형 게임 회사는 물론, 자금 조달에 성공한 벤처기업 등 다양한 기업이 가상공간 구축에 많은 자금 및 노력을 투입하고 있습니다. 이와 같이 **메타버스는 이미 레드오션**으로, 처음부터 직접 구축하려면 **개발비용이나 서버비용 등 많은 비용이 발생하며** 비즈니스적으로 성공한다는 보장도 없습니다. 대다수 기업의 경우 메타버스를 **자체 제작**하는 것은 비현실적일 것입니다. 따라서 **외부의 힘**을 빌려 외주로 회사의 메타버스를 사용하는 것도 하나의 방법입니다.

메타버스를 활용할 수 있는 서비스도 있음 ////////////////////////////////

자사의 서비스에 메타버스를 도입할 때는 새로운 시스템을 구축하기보다는 **먼저 이미 있는 메타버스 관련 서비스를 도입하는 것**이 좋습니다. 어차피 메타버스와 자사 서비스가 어울릴지에 대해 잘 모르는 상태에서, 단지 유행한다고 해서 쉽게 거액의 자금 및 노력을 메타버스에 투입하는 것은 꽤나 위험합니다.

예를 들어, VRChat과 같은 서비스를 사용하면 자사 오리지널 아바타나 공간을 만들어 이벤트 등을 개최할 수도 있습니다. 그 밖에도『모여봐요 동물의 숲』등의 게임을 이용해 자사 서비스를 게임 내에서 소개하는 기업도 많아졌습니다.

우선은 다양한 기업의 노력을 참고하여 테스트로 메타버스의 활용을 시작해 보는 것이 좋습니다. 실제로 경험을 통해 알 수 있는 것이나 생각해 볼 수 있는 것도 많을 것입니다(그림 8-16).

그림 8-15 메타버스를 개발할 때 필요한 비용의 예시

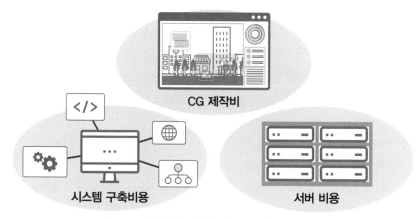

메타버스 공간이나 아바타의 CG를 제작하는 비용,
시스템을 구축하는 비용은 물론, 매일 서비스를 유지하는 서버 비용도 필요

그림 8-16 메타버스는 테스트 도입부터 시작한다

메타버스를 갑자기 자사 서비스로서 개발하려면
비용, 비즈니스 측면에서 상당한 장애물이 있다

Point
- ✔ 메타버스는 이미 레드오션이 되어가고 있다
- ✔ 메타버스를 운영하기 위해서는 개발비용뿐만 아니라 서버비용도 필요하다
- ✔ 우선은 기존 서비스를 테스트 도입하는 것부터 활용을 시작하자

≫ 메타버스와의 연계 방안을 생각한다

수단과 목적을 혼동하면 안 된다 //

「메타버스」라는 말은 **비즈니스 산업에서 유행어처럼 되고 있으며**, 일종의 **버블**과 같은 상태가 되었습니다. 이것은 「**DX**(디지털 트랜스포메이션)」라는 말이 유행하고 있는 현재, 다양한 기업에서 DX에 대한 노력이 이뤄지고 있으나 성과를 거둔 기업은 아직 많지 않은 현상과 많이 닮은 것 같습니다.

DX는 DX를 하는 것 자체가 목적이 아니라 어디까지나 고객의 서비스 경험을 좋아지게 하거나, 직원의 업무 방식을 효율적으로 하기 위한 수단일 뿐입니다.

메타버스도 마찬가지로 **어디까지나 목적을 이루기 위한 수단**입니다. 자사의 경영 상황에 맞게 목적을 설정하고, 그것을 이루기 위한 수단으로 메타버스에 착수하는 것이 좋습니다(그림 8-17).

메타버스를 즐기자! //

이 장에서 다양한 비즈니스에서 메타버스를 활용하는 방법을 소개했는데, 가장 먼저 해야 할 것은 「**메타버스의 세계를 자기 자신이 즐겨보는 것**」입니다(그림 8-18).

「메타버스에서는 어떤 것을 할 수 있을까」 「사람들은 왜 거기에 모여 있는 걸까」 「메타버스의 보급에 어떠한 과제가 있는가」 등의 의문은 뉴스나 SNS 등의 정보를 보는 것만으로는 깊게 생각할 수 없습니다.

메타버스를 직접 체험함으로써 다양한 비즈니스 아이디어가 떠오를 수도 있습니다. 아직 메타버스를 비즈니스에 활용하고 있는 기업은 국내외 모두 많지 않으므로, 지금부터 노력하면 다른 기업과 차별화를 할 수 있을 것입니다.

그림 8-17 수단과 목적을 혼동하면 안 된다

【잘못된 목적의 예】

메타버스에서
새로운 시도를 한다

【올바른 목적의 예】

상품의 재구매를 촉진하여
매출을 올린다

메타버스 도입 자체가 목적이 되면
도입 후 무엇을 해야 할지 모르고 개선도 할 수 없어
프로젝트가 실패할 가능성이 높다

그림 8-18 메타버스를 먼저 「체험」한다

【뉴스나 SNS의 정보】

세계의 시장 데이터나 알기 쉬운
사례 등의 정보

➡기업 시각의 활용 아이디어만 나온다

【실제로 체험한 경험】

자신이 메타버스를 체험하며 느낀
감각이나 과제점을 기반으로 하면

➡사용자 관점에서의 활용 아이디어가
쉽게 나온다

Point

✔ 메타버스는 비즈니스 분야에서 「DX」와 같은 유행어가 되고 있다

✔ 유행어이기 때문에 수단과 목적을 혼동하지 않는 것이 중요하다

✔ 비즈니스 아이디어를 생각하기 전에 먼저 체험을 해 본다

메타버스의 비즈니스 활용을 생각해 보자

앞으로는 다양한 비즈니스에서 메타버스를 활용할 수 있게 될 것입니다.

여러분이 현재 일하는 회사에서 메타버스를 활용한다면 어떤 노력을 할 수 있을지 구체적으로 생각해 봅시다.

메타버스의 활용 기획안 (예시)

- **과제**

예: 자사가 제공하는 상품의 인지도가 낮음

- **해결책**

예: 인지도를 높이기 위해 메타버스 공간에서 상품을 홍보한다

- **구체적인 노력 방법**

예: 이미 일정한 수의 사용자가 있는 메타버스 공간에서 자사의 제품을 소개하는 이벤트장을 제작한다. 또한 이벤트장의 상황 등을 SNS나 보도 자료 등을 활용하여 수시로 정보를 발신한다

메타버스 활용 기획안

- **과제**

- **해결책**

- **구체적인 노력 방법**

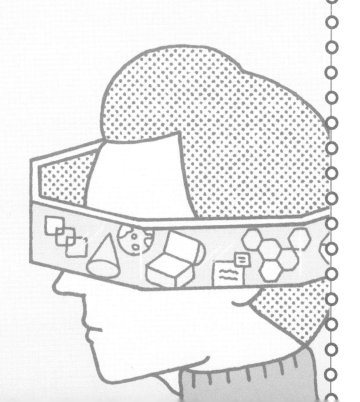

Metaverse

Chapter 9

앞으로의 메타버스

메타버스의 미래를 상상하자

≫ 메타버스의 앞으로의 과제

정비되지 않은 규칙이나 규제

지금까지 메타버스의 가능성에 대해 다루어 봤는데, 메타버스에서는 상거래나 교류가 이뤄지는 가운데 그것들을 둘러싼 **규칙** 및 법률의 정비에 많은 과제가 존재하고 있습니다(그림 9-1).

가상 객체의 저작권 보호나 권리 침해, 파괴 행위에 대한 손해배상 등의 규칙, 청소년 이용에 따른 문제 우려, 자금 세탁이나 사기에 대한 법적 규제 문제 등이 그것입니다.

현재, 법률 등을 정비하는 움직임이 나타나고 있으나 **규칙이 구축될 때까지는 다양한 문제가 발생할 수 있으므로 주의해야 합니다.**

사용 편의성의 과제

VR 장치의 사용 편의성도 과제입니다. 현재의 VR 장치는 예전에 비해 많이 좋아졌지만 여전히 무겁고, 외형도 크며, 쉽게 착용할 수 없습니다. 1시간 이상 착용하면 땀이 나고 목 등이 피로해집니다. 더욱 작고 가볍게 발전해야 할 것입니다.

또한 디바이스 자체도 360도 고화질 동영상(8K, 16K)의 재생 처리가 어려운 점이나 암호자산을 비롯한 월렛이나 NFT와의 연동 등이 아직 어렵다는 문제점이 있습니다. **메타버스를 사회적, 경제적 기능으로 누구나 쉽게 사용할 수 있도록 하는 데에는 시간이 걸릴 것 같습니다**(그림 9-2).

그리고 사용 편의성과는 조금 다르지만 체험적인 과제로서 VR 초기에 실제로 있던 일로, 처음 VR 체험을 했을 때 질이 낮은 콘텐츠를 체험함으로 인해 VR은 재미없고, 어지럽다와 같은 고정관념을 가진 사람도 많았습니다. 메타버스도 **하드웨어, 소프트웨어 모두 전체적인 체감 품질을 높이는 노력이 필요합니다.**

그림 9-1　메타버스의 법적 위험

다양한 문제

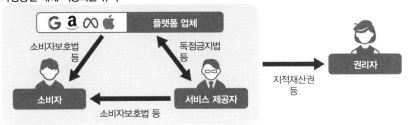

| 가상 객체의 권리 | 위법·유해 정보의 유통 | 청소년의 이용 문제 | 자금 세탁 및 사기 |

가상공간 내에 적용되는 규칙

G a ∞ 🍎　플랫폼 업체

소비자보호법 등

독점금지법 등

지적재산권 등

권리자

소비자

서비스 제공자

소비자보호법 등

그림 9-2　VR 장치의 다양한 문제

하드웨어의 문제

- 무겁고 크다
- 통풍이 안 되고, 열기가 찬다
- 머리 모양이 흐트러진다
- 장착에 시간이 걸린다
- 더러워지기 쉽고 다른 사람과 공유하기 어렵다
- 배터리가 빨리 소모된다

많이 좋아졌다고는 해도....

소프트웨어의 문제

- 내용물은 PC용 콘텐츠이며, 일정 수준의 IT 활용 (리터러시)이 요구된다
- VR 앱의 조작이 어렵다
- 알기 쉬운 UI로 되어 있지 않다
- NFT 등과의 연계가 어렵다

하드웨어, 소프트웨어 함께 전체적인 체감 품질을 올리는 노력이 필요

Point

- ✔ 규칙 및 법 정비 등의 과제가 있으며, 다양한 문제에 주의가 필요하다
- ✔ VR 장치가 아직 누구나 편안하게 다룰 수 있는 것이 아니므로 발전이 필요하다
- ✔ 하드웨어, 소프트웨어 함께 전체의 체험 품질을 높여야 한다

≫ VR/AR 장치의 발전

VR 장치의 해상도

VR/AR 장치의 출하 대수가 2025년에는 3천만 대에 이를 것이라는 예측도 있는데, 앞으로 증가 추세에 있는 것만은 틀림없습니다.

그러나 스마트폰 보급률과 비교하면 아직 많이 적으며, 여러분의 주변에도 VR 디바이스를 갖고 있는 사람이라면 새로운 것이나 게임을 좋아하는 사람 등 일부에만 한정된것으로 보입니다.

VR 장치에 대한 부정적인 의견으로는, 화질이 조잡하고 본체가 무거워서 착용이 불편하다는 등의 의견이 많은 것 같습니다. 화질의 경우는 메타 사가 판매하는 Meta Quest2는 약 350만 화소(한쪽 눈에 1832×1920)의 해상도를 제공합니다. 디스플레이 기술도 향상되어 매우 높은 해상도를 구현할 수 있습니다. 그러나 인간의 눈은 대략 5억 화소라고도 하며, 하드웨어뿐만 아니라 3DCG 등의 그래픽 처리 한계도 있기 때문에 아직 **실제와 같은 모습과는 큰 차이가 있습니다.**

3DCG 그래픽 처리에 대해서는 화면 전체의 그래픽 처리를 올리는 것이 아니라 눈의 초점이 맞춰진 5도 정도의 범위만을 시선 분석 기술을 사용하여 부분적으로 해상도를 올리는 방법(**포비에이티드 렌더링**(Foveated Rendering)) 등이 주목받고 있으며 앞으로 기술 발전을 기대할 수 있습니다(그림 9-3).

스탠드얼론 타입의 보급

지금까지는 그래픽보드를 탑재한 VR용 PC에서 케이블로 연결된 VR 고글이 있었고, 컨트롤러를 포함한 센싱을 위해 방의 구석에 적외선 센서를 설치하는 VR 기기가 주류였습니다.

그러나 최근에는 PC나 외부 센서가 필요 없는 컨트롤러와 센싱이 포함된 일체형이 등장하여 크게 점유율을 늘리고 있습니다. 이처럼 기기 단독으로 동작하는 것을 **스탠드얼론**이라고 합니다(그림 9-4).

그림 9-3 디스플레이 화소수와 포비에이티드 렌더링

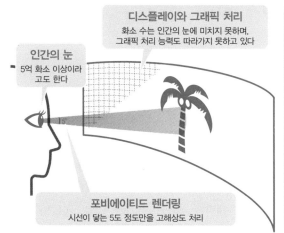

디스플레이와 그래픽 처리
화소 수는 인간의 눈에 미치지 못하며,
그래픽 처리 능력도 따라가지 못하고 있다

인간의 눈
5억 화소 이상이라
고도 한다

포비에이티드 렌더링
시선이 닿는 5도 정도만을 고해상도 처리

-의문점-
iPhone은
해상도가 좋은가?

iPhone 13 Pro의 화면 해상도는 약
300만 화소이며,
(2532 x 1170 픽셀 해상도)

손에 들고
보는 것은
매우
깨끗하지만....

사람의 시각 정도의
해상도는 갖추고 있지 않다

그림 9-4 기존의 VR 시스템과 스탠드얼론

적외선 센서   적외선 센서

VR
고글

USB,
HDMI 케이블

VR용 PC

기존의 VR 시스템
확장성은 높으나 장비가 복잡

VR 고글
(센서, CPU, 배터리 등 모두 내장)

스탠드얼론 타입
간편하지만 확장성은 낮다

Point
✔ VR의 디스플레이 해상도는 아직 인간의 눈에 미치지 못하고 있다
✔ 3DCG 그리기 방법으로서 포비에이티드 렌더링이 주목받고 있다
✔ 간편하게 사용할 수 있는 스탠드얼론 타입의 VR 고글이 보급되고 있다

≫ 이동이 필요하지 않은 세상

온라인 미팅의 보급

지금까지 인류는 자동차, 기차, 항공기 등 이동을 효율화하기 위해 다양한 기술을 개발하여 큰 발전을 이루어 왔습니다. 그러나 코로나로 인한 이동 제한은 도시나 국가를 넘어 학교나 사회에도 갈 수 없는 상황을 만들었습니다.

그러한 상황에서 급속히 퍼진 것이 줌(Zoom)과 같은 **온라인 미팅**입니다(그림 9-5). 학생이나 회사원의 경우, 반강제적으로 온라인으로 전환되는 바람에 IT 활용 능력이 개선되고 **디지털화**가 일제히 진행되는 계기가 되었습니다. 굳이 만나지 않아도 되는 미팅은 온라인으로 대체가 일상화되었고, 불필요한 이동이 없어져 효율성이 높아졌다고 생각할 수도 있습니다.

앞으로의 이동 개념

지금까지 이동이란 우리의 몸이나 물체가 한 지점에서 다른 지점으로 물리적으로 이동하는 것을 의미했습니다. 이는 앞으로도 당연히 필요한 것으로 선형 모터카나 로켓과 같이 고속으로 사람이나 물건을 운반하는 수단으로 계속 발전해 나갈 것입니다.

그리고 또 다른 이동은 메타버스가 발전하면서 **물리적인 이동을 하지 않아도 되는 개념**입니다. VR 장치만 있으면 순식간에 자신의 아바타로서 공간을 이동할 수 있고, 사람들과 만나 다양한 경험을 할 수 있습니다(그림 9-6).

물리 이동의 에너지, 시간, 비용 등을 이유로 한 불평등을 해소할 수 있고, 최근 **SDGs**의 목표에 있는 에너지 효율과 질 높은 교육, 기술 혁신과 경제 발전에도 큰 기여를 할 것입니다.

메타버스가 일상이 되면 **반대로 번거롭고 시간이 걸리는 물리적인 이동이나 체험의 가치가 올라**가게 되며, 이동 수단을 선택할 수 있게 될 것입니다.

그림9-5 온라인 미팅이 당연시 되는 상황

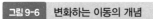

	코로나 전	코로나 후
아날로그	직접 만나는 것이 당연	축소 → 직접 만나는 것은 필요할 때만
디지털	온라인은 게임?	확대 ← 온라인이 당연

그림9-6 변화하는 이동의 개념

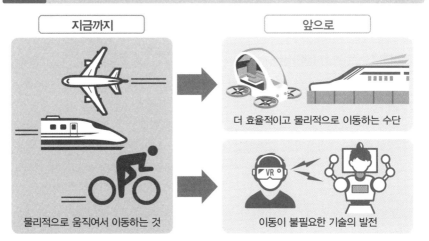

지금까지	앞으로
물리적으로 움직여서 이동하는 것	더 효율적이고 물리적으로 이동하는 수단
	이동이 불필요한 기술의 발전

Point
- ✔ 세상의 온라인화가 진행되며, 디지털화가 앞으로도 가속된다
- ✔ 이동의 개념이 변화하고 이동이 불필요한 기술이 발전해 간다
- ✔ 메타버스에서 효율성이 높아지면 반대로 비효율성의 가치가 올라간다

» 텔레이그지스턴스의 진화

텔레이그지스턴스란?

텔레이그지스턴스란 「TELE=원격」과 「EXISTENCE=존재」를 합쳐 만든 용어로 자신이 실제로 존재하는 장소와는 다른 장소에 마치 존재하고 있는 것처럼 **원격 조작**으로 대상물(로봇 등)을 자유자재로 움직일 수 있는 기술을 말합니다(그림 9-7). 예를 들어, VR 헤드 마운트 디스플레이와 컨트롤러 또는 감각 센서 등을 손이나 몸에 장착하여 자신의 손을 움직임으로써 원격으로 로봇을 움직여서 상품 진열 등을 수행하는 실험이 진행되고 있습니다. 앞으로는 기계 조종, 부품 교체, 운반, 의료 등 다양한 작업이 원격으로 가능해질지도 모르겠습니다.

텔레이그지스턴스는 **인간의 존재 확장으로서 자신의 분신 로봇(아바타)을 통하여 실재 세계의 먼 장소에 자신이 존재할 뿐만 아니라, 인터넷상에 구축된 가상공간상에 존재할 수 있도록** 하는 것입니다.

텔레이그지스턴스와 메타버스

자신이 존재하는 장소와는 다른 물리적 공간과 가상공간의 장소에서 각각 존재하는 것도 가능합니다. 현실 세계에서의 피지컬 아바타(로봇)와 가상공간상의 가상 아바타가 일치하면 **현실 세계에서 가상공간, 가상공간에서 현실 세계의 물체를 실시간으로 움직이게 할 수 있을지도 모르겠습니다.** 노인이나 신체적 장애가 있는 사람들이 가상공간의 라인 공장에서 일하면서 현실 세계의 라인 공장(로봇)을 조종할 수 있습니다. 이러한 원격 근무를 포함하여 다양한 상황에서 활용이 기대됩니다(그림 9-8).

가상공간에서 일하고 있는 것과 현실 세계에서 일하고 있는 것을 구분하는 가상공간과 현실 세계의 벽은 점점 사라져 갈 것입니다.

| 그림 9-7 | 실제 공간에서의 신체 확장 |

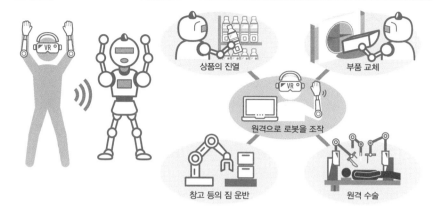

상품의 진열

부품 교체

원격으로 로봇을 조작

창고 등의 짐 운반

원격 수술

| 그림 9-8 | 가상공간에서 일하는 원격 근무 |

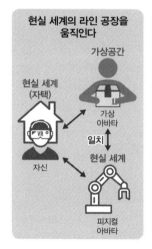

현실 세계의 라인 공장을 움직인다

가상공간

현실 세계 (자택)

가상 아바타

일치

자신

현실 세계

피지컬 아바타

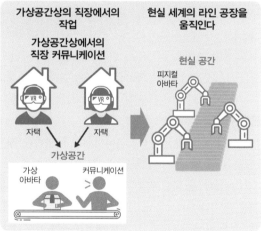

가상공간상의 직장에서의 작업

가상공간상에서의 직장 커뮤니케이션

자택

자택

가상공간

가상 아바타

커뮤니케이션

현실 세계의 라인 공장을 움직인다

현실 공간

피지컬 아바타

Point

✔ 텔레이그지스턴스는 「TELE = 원격」과 「EXISTENCE = 존재」를 결합한 개념이다

✔ 사람의 존재 확장으로 현실 세계의 먼 장소나 가상공간상에 존재할 수 있다

✔ 앞으로 가상공간을 활용하여 현실 세계의 대상물을 조작하는 것도 생각할 수 있다

≫ 문샷 목표로 보는 메타버스

문샷 목표란? //

문샷 목표란 미래 사회를 전망해, 어렵지만 만약 실현되면 커다란 임팩트가 기대되는 사회 과제 등을 대상으로 사람들을 매혹시키는 야심찬 목표를 말합니다.

미래의 사회 문제를 해결하기 위한 기반이 되는 **사회, 환경, 경제의 세 가지 영역에서 구체적인 9개의 목표를 정하고 있습니다**(그림 9-9). 모든 목표는 인간의 행복(Human Well-being)을 실현하기 위해 제시되어 있습니다.

문샷 목표 1과 메타버스 //

일본의 문샷 목표 1에서는 「2050년까지 인간이 신체, 뇌, 공간, 시간의 제약으로부터 해방된 사회를 실현」하도록 목표가 설정되어 있습니다. 또한 「2050년까지 멀리 떨어진 위치에서 여러 사람이 원격으로 조작하는 다수의 아바타와 로봇을 결합하여 대규모의 복잡한 작업을 수행하기 위한 기술을 개발하고 그 운용 등에 필요한 기반을 구축한다」 및 「2030년까지 하나의 작업에 대해 한 명이 아닌 10개 이상의 아바타를 동일한 속도와 정확도로 조작할 수 있는 기술을 개발하고 그 운영 등에 필요한 기반을 구축한다」라고 기재되어 있습니다.

이처럼 2030년과 2050년에 **사이버네틱 아바타(신체 대리인으로서 로봇이나 3D 영상 등을 나타내는 아바타뿐만 아니라 인간의 신체적, 인지적, 지각적 능력을 확장하는 ICT 기술이나 로봇 기술을 포함하는 개념)로서의 생활이 기술되어 있습니다**(그림 9-10).

이 문샷 목표 1을 실현하기 위해 메타버스가 보급되고 있으며, 메타버스의 세계관이나 기술은 문샷 목표에 반영돼 있다고 할 수 있습니다.

그림 9-9   문샷 연구 개발 제도

출처: 「문샷형 연구 개발 제도」를 바탕으로 작성
(URL: https://www8.cao.go.jp/cstp/moonshot/index.html)

그림 9-10   사이버네틱 아바타 생활

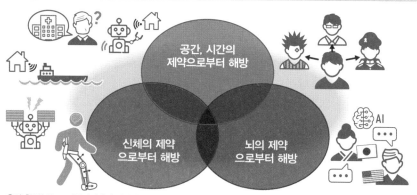

출처: 「문샷 목표 1 『사이버네틱 아바타 생활』」을 기반으로 작성
(URL: https://www8.cao.go.jp/cstp/moonshot/sub1.html)

Point

✔ 문샷 목표는 사회, 환경, 경제에서 9개의 목표를 정하고 있다

✔ 목표 1에서 2050년까지 사이버네틱 아바타에서의 생활이 기재되어 있다

✔ 목표 1의 실현에는 메타버스의 세계관과 기술도 포함된다

≫ 메타버스에서의 생활

유대를 찾아서 가상공간으로

가상공간상에서는 SNS 등 2차원 정보(사진, 동영상, 텍스트 등)뿐만 아니라 실시간 3차원 공간을 공유하여 스마트폰 안에서 함께 있는 체험을 얻을 수 있습니다. 실제로 스마트폰이나 인터넷을 어린 시절부터 가까이 사용하는 디지털 네이티브인 **Z세대**(일반적으로 1990년 중반에서 2010년대 초에 태어난 세대)에서는 **유대의 심화**를 원하며 **음성 SNS나 가상공간 앱에서의 교류가 증가하고 있습니다**(그림 9-11).

윗세대의 입장에서는 「스마트폰을 들고 작은 화면을 계속 보고, 이어폰을 착용해서 교류」와 같은 행동 자체가 불편할 것입니다. 그러나 태어날 때부터 스마트폰이 당연한 **디지털 네이티브 세대**에게는 불편함없는 생활의 일부가 되었습니다.

더욱 자연스럽게 활용되기 시작하는 가상공간

앞으로는 디지털 네이티브 세대를 비롯하여 가상공간이 보다 자연스럽게 일상에 녹아들 것입니다. 「왜 굳이 가상공간에서 아바타를 사용해서 교류하는 것일까?」라고 의문을 느끼는 세대는 과거에 인터넷이나 스마트폰, SNS가 등장했을 때도 같은 불편함을 느꼈을지도 모릅니다. 그러나 현재 스마트폰이나 SNS가 세대를 초월하여 생활속에 스며들어 있는 것처럼, 앞으로는 가상공간도 일상적으로 자연스럽게 활용될 것입니다.

메타버스를 처음 접할 때 당황하거나 불편함을 느낄 수 있습니다. 그러나 지금까지의 시대 흐름을 생각하면 익숙해지면 일상에서 자연스럽게 활용될 것입니다. 이는 메타버스 내에 산다는 느낌이 아니라 현실 세계와 가상공간을 넘나드는 느낌으로 각자 하루 종일 어느 쪽에서 활동하는 비율이 많은가 하는 이야기입니다. **가상공간이 일상생활의 연장, 업무, 엔터테인먼트, 기분 전환 등 다양한 형태로 활용이 늘어날수록 더 많은 사람들의 생활에 녹아들게 될 것입니다**(그림 9-12).

그림 9-11 유대의 심화를 찾아서

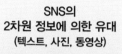

SNS의
2차원 정보에 의한 유대
(텍스트, 사진, 동영상)

더욱 깊은
「유대」로
(음성 SNS·가상공간 앱)

디스코드　　cluster

ZEPETO
ZEPETO

GENERATION Z

디지털 네이티브(Z 세대)

그림 9-12 하루 중에 가상공간에서 보내는 비율이 증가한다

가상공간이 일상에 녹아든 생활로

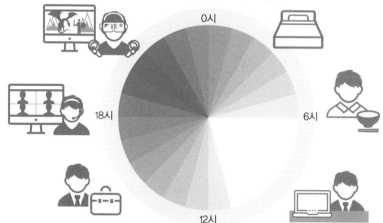

Point

✔ 가상공간에 대한 친밀감은 세대에 따라 크게 다르다
✔ 디지털 네이티브 세대를 비롯해 가상공간에서의 교류가 증가하고 있다
✔ 앞으로 다양한 가상공간에서의 활동이 사람의 일상에 녹아들어 간다

≫ 새로운 커뮤니티에서의 만남

사람들과의 다양한 만남과 관계

가상공간에서의 활동이 더욱 보편화되면 만남이나 친구라는 개념도 다양성을 띠게 됩니다. 대면을 통한 「처음 뵙겠습니다」부터 가상공간상에서 「함께 플레이합시다」까지 만남의 종류는 다양합니다. 현실 세계에서의 친구 관계와 가상공간에서의 친구 관계는 물론 다릅니다. 가상공간에서는 블록 버튼을 누르면 좋든 싫든 한순간에 인연이 끊어질 수 있습니다.

또한 초중학생이 방과 후 온라인 게임으로 모이는 것처럼 현실 세계의 연장선에서 가상공간에서 교류하거나 가상공간에서 알게 되어 현실 세계로 맺어지는 이야기 등 **사람과 사람의 만남과 관계성은 더욱 다양화될 것입니다**(그림 9-13).

우리는 그 어느 때보다 다양한 세계와 복잡한 인간관계 속에서 현실 세계와 아바타 세계에 존재하게 될지도 모릅니다.

사람은 여러 개의 커뮤니티에 속한다

앞으로 많은 사람들이 현실 세계뿐만 아니라 **가상공간상의 다양한 커뮤니티에 속할 거**라 생각됩니다(그림 9-14). 좋아하는 아티스트, 브랜드, 스포츠, 게임 등 우리는 상상 이상으로 자신의 「좋아하는 것」을 추구할 수 있고 좋아하는 커뮤니티에서 많은 시간을 보내게 됩니다.

현실 세계에서 좋아하지도 않는 커뮤니티에 강제로 속할 필요가 없고, 또한 하나의 커뮤니티에 머물러 있을 필요도 없습니다. 현실 세계의 유대를 부정하는 것이 아니라 가상공간상에서의 유대가 증가함으로써 지금보다 선택의 폭이 더 커진다는 것입니다. 가상공간에서 같은 공간이나 경험을 공유할 수 있게 되면서 인생에 영향을 줄 정도의 큰 만남이나 커뮤니티가 다양하게 존재하게 될 것입니다.

가상공간상의 새로운 커뮤니티에서는 단순히 새로운 만남뿐만 아니라 **사람들은 더 많은 선택지를 가질 수 있게 됩니다.**

그림 9-13 다양해지는 인간 관계

현실 세계의 인간 관계

현실 세계에서의 유대가
가상공간에서도

가상공간상에서의 인간 관계

가상공간에서의 유대가
현실 세계에서도

그림 9-14 여러 개의 커뮤니티에 속한다

현실 세계뿐만 아니라 메타버스 상에서도 많은 커뮤니티에 속한다

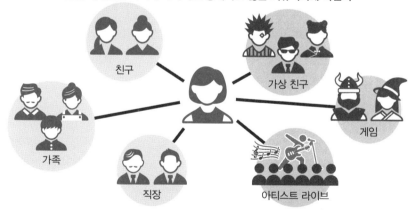

친구

가상 친구

가족

게임

직장

아티스트 라이브

Point

✔ 메타버스의 보급으로 인해 사람과의 만남이나 관계는 다양해진다

✔ 사람은 가상공간에서 유대를 포함해 더 많은 커뮤니티에 속하기 시작한다

✔ 가상에서의 활동은 사람들의 선택을 늘려준다

≫ 초월한 세계

사람의 초월, 자신으로부터 해방된 자신 \\\

인간은 자신의 신체적 특징에 영향을 받으며 살고 있습니다. 키, 얼굴, 성별 등의 특징은 의식하지 않더라도 자신의 행동에 어떤 영향을 미치고 있을 것입니다. 자신에게 맞는 헤어스타일, 메이크업, 옷차림 등 현실 세계에서의 이러한 행동은 자신의 신체적 특징의 연장선상에 이뤄집니다.

메타버스 세계에서는 그러한 제한조차 없는 상태에서 시작할 수 있습니다. **성별, 외모, 모든 것이 평등합니다.** 신체적 장애 등으로 자유롭게 이동할 수 없는 사람도 **물리적 제한에서 해방**된 세계에서는 전혀 상관이 없습니다(그림 9-15).

신체적 특징 전부가 평등해졌을 때 우리는 무엇을 배우고 어떻게 행동할까요? 자신으로부터 해방된 자신(아바타)으로 무엇을 체험하기 시작할까요? **속하는 커뮤니티가 가상공간상에서 더 늘어남에 따라 우리의 행동 방식도 다양해질 수 있습니다.**

세계의 초월, 더 많은 세계 사람들과 연결된다 \\\

인터넷과 스마트폰이 보급되면서 누구나 전 세계의 정보에 접근할 수 있게 되었습니다. 이제 SNS를 비롯한 2차원 정보(사진, 동영상, 텍스트 등)는 누구나 쉽게 게시하고 열람할 수 있습니다.

메타버스에서는 2차원 정보의 열람뿐만 아니라 가상공간상에서 체험을 통한 정보 전달이 될 가능성이 있고, 나라나 지역의 제한이 없어짐으로써 전 세계 사람들과의 **우연한 만남**을 가속화시킬지도 모르겠습니다(그림 9-16). 개인 그리고 메타버스의 세계 모두에서 이전과는 다른 상식이나 생활이 펼쳐질 수 있습니다.

그림 9-15 신체적인 특징으로부터 해방된 또 다른 자신(아바타)

그림 9-16 전 세계의 사람과의 우연한 만남이 더욱 가속화된다

이전과는 다른 상식이나 생활이 전개된다

Point
✔ 메타버스에서는 성별이나 외모와 같은 신체적 특징으로부터 해방된다
✔ 커뮤니티에 맞춘 자신, 사람의 행동은 다양해질 가능성이 있다
✔ 전 세계 사람들과의 우연한 만남이 가속화될 수도 있다

메타버스의 미래에 대해서 써 보자

「메타버스의 미래를 써 보자」라고 할 때, 갑자기 메타버스의 미래를 예측하는 것은 쉽지 않을 것입니다. 그래서 일단은 일상생활을 되돌아보고, 평소 자신이 하고 있는 행동을 메타버스로 대체하는 것부터 시작해 봅시다.

현실 세계에서의 일상적인 행동으로부터 「이런 것이 있으면 편리할 거야」「이런 것이 있으면 즐거울 거야」와 같은 내용을 자유롭게 써 봅시다.

여러분이 생각한 메타버스가 이미 서비스로 존재하고 있을 수도 있고, 앞으로의 미래에서 실제로 이루어질 수도 있습니다.

현실 세계에서의 행동(일상 생활 등)	메타버스가 되면
예) 쇼핑	예) 가상 쇼핑
예) 여행	예) 가상 여행
예) 교류 · 데이트	예) 가상 교류 · 가상 데이트

용어 설명

➡ 뒤의 숫자는 관련된 본문의 절

숫자 · 영문

3DCG (➡ 4-1)

3차원 컴퓨터그래픽스

3DoF (➡ 7-1)

머리와 목의 움직임에 대응하는 트래킹 방식

6DoF (➡ 7-1)

머리와 목에 더해 전후좌우 이동과 같은 움직임에 대응하는 트래킹 방식

AR 글라스 (➡ 7-6)

안경 모양의 AR 장치. 안경처럼 착용해서 사용하며 고글형에 비해 본체 무게가 가벼운 것이 특징

AR 메타버스 (➡ 7-7)

AR 체험을 통해 이용하는 메타버스

Canvas (➡ 5-9)

웹 페이지 내에서 그래픽이나 애니메이션을 그리기 위해 영역을 생성하는 HTML 요소

Cryptovoxels (➡ 7-9)

뉴질랜드의 Nolan Consulting Limited의 소유자인 벤 놀란이 주도하여 개발한 이더리움 블록체인을 이용한 3D 가상 세계

DAO (➡ 3-9)

분산형 자율 조직(Decentralized Automous Organization)의 약어. 일의 진행 방법이나 보수의 인센티브 설계 등을 비중앙집권으로 운용하는 조직 형태를 말한다

DApps (➡ 3-3)

분산형 애플리케이션(Decentralized Applications)의 약어로 블록체인을 이용한 비중앙집권의 애플리케이션을 말한다. 스마트 컨트랙트를 기반으로 하기 때문에 블록체인상에서 운영 및 관리하는 기록과 데이터 기록 등을 할 수 있다

Daydream (➡ 7-6)

구글이 제공하는 VR 콘텐츠의 스마트폰 지원 플랫폼

Decentraland (➡ 7-9)

VR 장치로 체험할 수 있는 블록체인 앱. 가장 오래된 메타버스 프로젝트 중 하나로 2015년에 2D 플랫폼으로 출시된 후 VR과 블록체인 기술을 결합하여 가상공간 플랫폼으로 발전하게 되었다. 이더리움을 기반으로 구축되었으며, Decentraland 내에서는 MANA라는 고유한 암호화폐가 사용된다

DX (➡ 8-9)

디지털 트랜스포메이션. 데이터나 디지털 기술을 활용하여 비즈니스를 개혁하는 것

EgretEngine (➡ 5-8)

중국산 웹 브라우저용 WebGL/HTML5 게임 엔진

Habitat (➡ 1-4)

1986년에 등장한 실제로 온라인에서 아바타를 사용하여 채팅 등의 커뮤니케이션을 할 수 있는 서비스. 한국에는 출시되지 않았고, 일본에서는 「후지쯔 Habitat」로 1990년에 서비스가 시작됐다

MR 글라스 (➡ 2-4)

현실 세계에 3DCG나 문자 정보를 표시할 수 있는 글라스형 디바이스

NFT (➡ 3-4)

Non-Fungible Token의 약어로 직역으로는 비대체성 토큰이라고 한다. 이더리움 등의 블록체인 구조를 활용하여 각각의 디지털 데이터에 식별 가능한 코드를 부여함으로써 디지털 데이터를 고유한 것으로 판별할 수 있다

O2O (➡ 8-6)

Online to Offline의 약어. 인터넷에서 광고 등을 통해 실제 점포를 방문하게 하는 방법

OMO (➡ 8-6)

Online Merges with Offline의 약어. 온라인과 실제 점포를 분리해서 생각하지 않고 각각을 연계하여 비즈니스를 하는 방법

OpenGL (➡ 5-9)

GPU에 의한 고속 2차원, 3차원의 이미지 그리기 처리를 수행하여 화면에 표시하기 위한 구조를 제공하는 기술

OS (➡ 5-1)

컴퓨터상에서 애플리케이션이 동작하는 환경을 만드는 소프트웨어

PGC (➡ 1-9)

Professional Generated Content의 약어. TV CF나 영화 작품 등 전문가가 만든 콘텐츠

Photon (➡ 6-5)

Exit Games 사가 제공하는 멀티플레이 환경 구축 서비스

PlayCanvas (➡ 5-8)

오픈소스로 개발된 Web 브라우저용 WebGL/HTML5 게임 엔진

Play to Earn (➡ 2-1)

암호자산이나 NFT 구조에 의해 게임을 플레이하는 것으로 보상을 얻는 구조

Second Life (➡ 1-5)

2000년대를 대표하는 메타버스 관련 서비스. 아바타끼리의 커뮤니케이션은 물론 아바타나 옷, 건물, 소품 등을 자유롭게 만들 수 있고 그것들을 자유롭게 판매할 수도 있다

Somnium Space (➡ 7-9)

가장 VR에 초점을 맞춘 프로젝트로, 지금까지 100만 달러의 자금 조달을 달성. 이미 VR 디바이스로 체험할 수 있으며 가상 세계의 구획이나 부동산 등이 NFT로서 블록체인으로 관리되고 있다

The Sandbox (➡ 7-9)

블록체인 기술을 활용한 앱. 가상 세계의 구획이나 부동산, 캐릭터 등이 NFT로서 블록체인으로 관리되고 있다

UGC (➡ 1-9)

사용자가 생성한 콘텐츠(User Generated Content)의 약어. SNS나 블로그, 동영상 사이트에 게시된 기업이 아닌 일반 사용자가 올린 콘텐츠

UI (➡ 4-5)

사용자 인터페이스. 전체적인 레이아웃, 버튼 배치, 읽기 쉬운 글꼴 등 제품 및 서비스를 조작할 때의 외관 부분

Unity (➡ 5-7)

미국 Unity Technologies사가 제공하는 게임 엔진. 현재 메타버스 개발에서 가장 많이 사용되고 있다. 게임 앱, VR/AR, 2D 게임 등 다양한 장르에 대응하고, 게임 엔진에 필요한 기본적인 기능은 전부 포함되어 있다

UX (➡ 4-5)

사용자 경험. 제품이나 서비스를 통해 사용자가 얻을 수 있는 경험 그 자체를 나타내는 말

VRChat (➡ 1-6)

VR 기술을 활용한 커뮤니케이션 서비스. 헤드 마운트 디스플레이와 컨트롤러를 사용하여 가상공간 내에서 신체적인 움직임을 높은 정확도로 재현할 수 있다

VR 글라스 (➡ 7-6)

안경 형태의 VR 장치. 안경처럼 착용하여 사용하며, 고글형에 비해 본체 무게가 가벼운 것이 특징이다

VR 메타버스 (➡ 7-7)

VR 체험을 통해 이용하는 메타버스

WebGL (➡ 5-9)

웹 페이지상에서 OpenGL을 다룰 수 있도록 만든 기술로, 브라우저에서 HTML의 캔버스 요소를 통해 2차원, 3차원의 그래픽을 랜더링할 수 있다

WebXR Device API (➡ 7-8)

웹 브라우저상에서 VR 디바이스를 인식하고, 각 장치의 방향과 움직임 등의 상태를 가져오기 위한 기술이다. 이 기술에 의해 센서나 헤드 마운트 디스플레이 등의 VR/AR 장치와 연동할 수 있어 웹 상의 콘텐츠를 VR로 즐길 수 있게 된다

한글

가상 유튜버 (➡ 2-8)

2DCG 혹은 3DCG로 표현된 캐릭터 아바타를 사용하여 YouTube 등의 동영상 배포 사이트에서 동영상 게시물이나 생방송을 하는 방송인

가상공간 (➡ 1-1)

물리적으로는 존재하지 않는 가상의 공간

가상현실 (➡1-2)

컴퓨터로 만들어진 현실과 같은 세계를 말한다

게임 엔진(➡ 2-5 · ➡ 4-2 · ➡ 5-6)

게임을 만드는데 자주 이용되는 기능 등이 미리 내장되어 있어 효율적으로 게임 개발을 할 수 있는 소프트웨어

기어 VR (➡ 7-6)

삼성전자가 오큘러스 VR 사와 공동으로 개발한 VR 헤드셋 디바이스

네이티브 언어 (➡ 5-5)

CPU로부터 직접 실행할 수 있는 형태의 프로그래밍 언어

노코드 (➡ 5-6)

소스 코드를 기술하지 않고 애플리케이션이나 웹 서비스 개발이 가능한 서비스

데스크톱 앱 (➡ 5-2)

PC 내에서 동작하는 애플리케이션. 사용하는 애플리케이션과 PC 내의 OS가 맞다면 하드웨어와 관계없이 동작한다

동기식 (➡ 6-6)

모든 사용자의 데이터가 항상 완전히 동일한 상태가 되도록 데이터 교환을 수행한다

디지털 트윈 (➡ 8-5)

현실 세계의 물리적 공간에 있는 정보나 데이터를 수집하여 가상공간상에 재현하는 기술. 현실 세계의 물건에서 정보를 수집하여 디지털 공간에 복제하는 것에서 「디지털 트윈」이라는 뜻이 담겨 있다

렌더링 (➡ 4-9)

원래의 수치 데이터에 처리나 연산을 수행하여 그래픽으로서의 모습을 화면에 생성하는 것

로우폴리(➡ 4-9)

처리에 부담이 가지 않는 가벼운 3D 데이터

멀티서버 (➡ 6-2)

멀티플레이를 하기 위해 필요한 기능이 합쳐진 서버

멀티플랫폼(➡ 5-5)

한 개의 언어로 여러 개의 OS에 대응시키는 것

멀티플레이(➡ 6-4)

여러 명의 사용자가 인터넷을 통해 같은 경험 등을 할 수 있는 상태

문샷 목표 (➡ 9-5)

미래 사회를 전망하고 어렵기는 하지만 실현되면 커다란 임팩트가 기대되는 사회 과제 등을 대상으로 사람들을 매료시키는 야심적인 목표

보이스 채팅 (➡ 6-8)

음성을 이용한 커뮤니케이션 방법. 일반적인 전화 통화와는 달리 1:1이 아닌 여러 사람이 통화할 수 있음

분산형 게임 (➡ 2-5)

블록체인 기술을 활용한 게임. 블록체인의 기술을 사용한 「놀기」,「벌기」,「교류하기」 등 각 사용자가 즐길 방법을 고민할 수 있는 것도 많다

분산형 시스템 (➡ 3-2)

기존의 특정 관리자가 존재하는 시스템(중앙집중식)과는 달리 제삼자 기관 등을 거치지 않고 사용자 간에 직접 거래할 수 있는 시스템

블록체인 (➡ 3-2)

거래 기록을 블록이라는 단위로 관리하고, 암호 기술을 통해 과거부터 한 줄의 사슬(체인)처럼 연결된 형태로 기록하여 정확한 거래 기록을 유지하려는 기술

비동기식 (➡ 6-6)

사용자마다 데이터가 다른 상태로 유지될 수 있는 상황을 허용하면서 데이터 교환을 수행하는 방식

비주얼 스크립팅 (➡ 5-7)

코드가 아닌 노드를 연결하여 프로그래밍하는 것

서버 (➡ 6-1)

사용자(클라이언트)로부터의 요구(리퀘스트)에 대해 데이터를 제공하는 컴퓨터나 프로그램

스마트 컨트랙트 (➡ 3-3)

이더리움의 대표적인 특징으로, 그동안 수동으로 수행해 왔던 계약을 블록체인상에서 자동적으로 실행하는 시스템

스마트폰 VR 고글 (➡ 7-2)

스마트폰에 접속하여 동작하는 VR 고글. 스마트폰 자체가 VR 고글이 되어 편리하지만, 저성능 기기가 대부분이거나 터치패널을 VR 화면으로 하는 특성상, 조작 수단이 제한되어 있는 등의 과제가 있다

스마트폰 앱 (➡ 5-3)

스마트폰에서 동작하는 애플리케이션

스크립트 언어 (➡ 5-5)

CPU에서 직접 실행할 수 없는 형태의 프로그래밍 언어

스탠드얼론 (➡ 7-2 · ➡ 9-2)

외부 연결 없이 고글 단독으로 동작을 완결하는 것

시야각 (➡ 7-5)

어느 정도의 각도까지 화면을 정상적으로 볼 수 있는지를 나타내는 범위

실시간 렌더링 (➡ 4-9)

플레이어가 조작한 캐릭터나 배경을 처리 시작과 거의 동시에 생성하여 화면 표시를 하는 것

아바타 (➡ 1-1)

자기 자신의 분신이 되는 캐릭터

아웃사이드인 방식 (➡ 7-3)

외부 센서를 이용한 위치 추정 방식

암호화폐 (➡ 2-6)

인터넷상에서 주고받을 수 있는 재산적 가치로 원화 등 법정통화와 상호 교환할 수 있는 것

애플리케이션 (➡ 5-1)

특정 업무에 사용하기 위해 설계된 소프트웨어

온프레미스 서버 (➡ 6-3)

자사에서 이용하고 있는 시스템 구축에 필요한 기기 등을 자사에서 도입해 운용하고 있는 서버

요청(리퀘스트) (➡ 6-1)

한쪽에서 다른 쪽으로 송신되는 데이터의 송신이나 처리를 요청하는 통지 등의 것

웹 3.0 (➡ 3-1)

블록체인 기술을 활용한 인터넷상의 새로운 분산형 세계

웹 브라우저 (➡ 5-4 · ➡ 7-8)

웹 페이지를 볼 수 있도록 하는 애플리케이션. 사용자가 지정한 주소(URL)로 접속하여 웹 서버에 데이터 전송을 요청하고, 전송된 HTML 파일, 스타일시트(CSS), 스크립트(JavaScript), 이미지 파일 등을 읽어와 지정된 레이아웃으로 화면에 표시하는 역할을 한다.

웹 애플리케이션 (➡ 5-4)

웹 브라우저상에서 동작하는 애플리케이션

이더리움 (➡ 3-3)

스마트 컨트랙트라는 특수한 기능을 갖춘 플랫폼을 가리킨다. 이더리움의 플랫폼상에서 분산형 애플리케이션을 구축·가동시켜 언제, 누가, 누구에게, 얼마를 지불했는지 등 암호자산의 기본 거래 정보와 다양한 애플리케이션 프로그램의 기록·실행을 할 수 있다

인사이드아웃 방식 (➡ 7-3)

기재 안에 탑재된 센서를 이용한 위치 추정 방식

주사율 (➡ 7-5)

화면이 1초당 갱신되는 횟수

크리에이터 이코노미 (➡ 3-5)

거대 플랫폼에 의존하지 않고 팬들과 직접 연결되어 돈을 벌 수 있는 경제 생태계의 동향

클라우드 서버 (➡ 6-3)

시스템을 자사에서 보유하지 않고 인터넷을 통해 서비스를 이용하는 서버

클라이언트 (➡ 6-1)

다른 컴퓨터나 소프트웨어로부터 기능이나 정보 제공을 받는 컴퓨터나 소프트웨어

텍스트 채팅 (➡ 6-7)

문자를 이용한 커뮤니케이션 방법. 송수신 시에 필요한 데이터 통신량이 비교적 적어서 다양한 통신 환경에서도 이용하기 쉽다

텔레이그지스턴스 (➡ 9-4)

「TELE = 원격」과 「EXISTENCE = 존재」를 결합한 신조어로, 자신이 실재하는 곳과는 다른 장소에 자신이 존재하고 있는 것처럼 원격으로 대상물(로봇 등)을 자유자재로 움직일 수 있는 기술

퍼블릭 블록체인 (➡ 7-10)

누구나 참여할 수 있는 블록체인. 기본적으로 공개되어 있고 누구나 참여할 수 있으므로 악의를 가진 사용자의 참가를 배제할 수 없다

포비에이티드 렌더링 (➡ 9-2)

화면 전체의 랜더링 처리를 올리는 것이 아니라 눈의 초점이 맞춰져 있는 5도 정도의 범위만 시선 분석 기술을 사용하여 부분적으로 해상도를 높이는 3DCG의 렌더링 처리 방법

폴리곤 (➡ 4-2)

3DCG의 최소 단위인 다각형 면. 다각형이 모여 형태가 표현된다

폴리곤 모델링 (➡ 4-7)

폴리곤을 조합해 입체적인 형상을 만드는 CG 작성 방법

풀바디 트래킹 (➡ 7-3)

VR 고글과 양손 컨트롤러 3개 지점을 사용한 위치 추정에 추가하여, 외부 하드웨어를 사용하여 머리와 손 이외에도 하반신의 움직임을 재현하는 것

프라이빗 블록체인 (➡ 7-10)

중앙관리자가 존재하고 참여자를 한정함으로써 퍼블릭형의 단점을 해소하는 특징을 가진 블록체인

하이엔드 VR 고글 (➡ 7-2)

고성능 컴퓨터와 연결하여 사용하는 VR 고글. SteamVR 호환 그래픽 카드가 장착된 컴퓨터나 PlayStation 4에 연결하여 사용할 수 있다. 고성능의 그래픽 표현을 할 수 있고 트래킹 성능도 뛰어나기 때문에 고도의 몰입감을 느낄 수 있으나, 각 기기를 준비해야 하기 때문에 다른 디바이스에 비해 도입 장벽이 높다

해상도 (➡ 7-5)

화면을 표현하는 격자의 세밀함

호라이즌 월드 (➡ 2-4)

메타사가 제공하는 VR 앱 서비스. 이 앱 내에서 사용자가 직접 게임이나 이벤트를 만들 수 있다

이 책에서는 메타버스에 대한 기본 지식과 기술, 활용 방법 등을 다양한 관점에서 설명했습니다.

메타버스로서의 정의나 개념이 정해져 있지 않은 만큼 세밀하지 못하거나 편향된 설명도 있을 수 있지만, 이 책이 메타버스를 이해하는 데 조금이나마 도움이 되었으면 합니다.

코로나의 확산으로 다양한 행동이 온라인으로 이동한 것처럼 앞으로 디지털 도구의 보급을 생각하면 새로운 것으로 빨리 적응하는 기술은 매우 중요합니다. 세대를 불문하고 요구되는 스킬은 새로운 것에 대한 유연성일지도 모르겠습니다. 메타버스를 비롯한 새로운 도구에 대해 먼저 접촉하고 익숙해지는 일상적인 유연성이 매우 중요하다고 생각합니다.

2021~2022년에 걸쳐 대세가 된 메타버스이지만 즉각적으로 일상생활을 변화시키기보다는 10년 정도의 긴 안목으로 서서히 익숙해져 갈지도 모릅니다.

앞으로 메타버스가 어떻게 기업과 소비자를 연결하고 사람들의 삶에 빠져들어갈지는 아무도 모릅니다. 메타버스를 10년 단위로 바라보고, 아직 미개척 가상공간 비즈니스에 먼저 착수해 보는 것이 서비스나 제품을 제공하는 기업에 있어서 중요한 이슈가 될 것입니다.

메타버스가 앞으로 어떻게 유용하게 사용하고 확대될지, 메타버스에 참여하고 있는 사람으로서 매우 기대됩니다.

이 책이 독자 여러분에게 메타버스의 재미와 가능성을 알리는 계기가 되기를 바랍니다.

하다마 토시유키

얼마 전부터, IT에 관심이 있는 분은 물론이거니와 그렇지 않은 분에게까지 메타버스라는 말은 유행어처럼 입에 오르고 내리는 것 같습니다. 유행이 그렇듯 그 열기가 수그러 들 것 같아 보였으나, 실제로는 HMD에 대한 기술적 발전과 함께 엄청난 투자가 필요한 상황으로 메타를 비롯한 수많은 IT 대기업들이 메타버스를 위한 광범위한 투자와 개발에 힘쓰고 있습니다.

Facebook은 공명하게 알려진 이름인 '페이스북'을 '메타'로 바꾸면서 메타버스에 대한 거대한 투자를 진행하고 있습니다. 그 결과, 2023년 6월에는 메타(이전의 페이스북)에서 새롭게 퀘스트3 HMD를 출시하였습니다. 이는 그 전작인 퀘스트2보다도 훨씬 슬림하게 디자인되었고, 성능 또한 개선되었습니다. 뛰어난 성능에 비해 상대적으로 저렴한 499달러로 책정되어 얼마나 일반에 보급이 될지 더욱 기대가 됩니다. 애플 역시 이 경쟁에서 뒤처지지 않기 위해 MR 헤드셋을 선보였습니다. 이제 저변에서 뜨거웠던 메타버스의 열기가 다시금 불붙을 것 같습니다.

이 책에서는 인류에 또 하나의 변화를 만드는 메타버스에 관해서 다룹니다.

제1장에서는 메타버스의 탄생과 성정 과정을 이해하기 위해서 어원과 역사를 살펴보며, 시대별로 주목받는 가상공간을 통해 메타버스의 진화를 추적합니다.

제2장에서는 메타버스가 어떻게 사업으로 자리 잡을 수 있는지, IT 산업, 게임 산업, 블록체인 산업 등 다양한 산업과 메타버스의 상호작용에 대해 다룹니다.

제3장에서는 블록체인 기술과 메타버스의 관계를 살펴봅니다. Web 3.0의 탄생, 블록체인, 이더리움, NFT가 어떻게 메타버스와 연결되는지 설명합니다.

제4장에서는 메타버스를 표현하는 그래픽에 대한 내용으로, 아바타 생성, 공간 디자인, UX/UI 등 메타버스 구성 요소에 대한 기본적인 이해를 제공합니다.

제5장에서는 메타버스를 만드는 프로그래밍 언어 선택, 게임 엔진 사용, WebGL 등

다양한 기술을 소개합니다.

제6장은 메타버스를 지원하는 기술 아키텍처를 살펴보고 서버, 클라이언트, 데이터 통신 등의 네트워크에 대한 기본적인 이해를 제공합니다.

제7장은 메타버스 체험을 위한 다양한 장치를 소개하고, VR 고글, AR 장치의 유형과 구조, 브라우저를 통한 체험 방법, 블록체인 기술을 활용한 응용 프로그램 등을 설명합니다.

제8장은 메타버스가 실제 세계와 어떻게 상호작용하는지 설명하며, 비즈니스에서 메타버스를 활용하는 방법에 대해 다룹니다.

제9장에서는 메타버스의 앞으로의 과제를 살펴보고, 메타버스의 미래에 대해 생각해 봅니다.

이 책의 이해를 바탕으로 여러분이 메타버스 세계에 참여하고 그를 통해 새로운 가치를 창출할 수 있는 통찰력을 얻기를 바랍니다.

끝으로 책이 나올 수 있도록 도움을 주신 영진닷컴 관계자 분들께 감사드립니다.

김은철, 유세라

찾아보기

YoungJin.com Y.
영진닷컴

그림으로 배우는
메타버스

1판 1쇄 발행 2023년 7월 31일

저 자	하다마 토시유키
역 자	김은철, 유세라
발 행 인	김길수
발 행 처	(주)영진닷컴
주 소	서울시 금천구 가산디지털1로 128 STX-V타워 4층
	영진닷컴 기획1팀
등 록	2007. 4. 27. 제16-4189호

ISBN 978-89-314-6933-2
http://www.youngjin.com

'그림으로 배우는' 시리즈

"그림으로 배우는" 시리즈는 다양한 그림과 자세한 설명으로
쉽게 배울 수 있는 IT 입문서 시리즈 입니다.

그림으로 배우는
C++ 프로그래밍
2nd Edition

Mana Takahashi 저
592쪽 | 18,000원

그림으로 배우는
프로그래밍 구조

마스이 토시카츠 저
240쪽 | 16,000원

그림으로 배우는
서버 구조

니시무라 야스히로 저
240쪽 | 16,000원

그림으로 배우는
C#

다카하시 마나 저
496쪽 | 18,000원

그림으로 배우는
데이터베이스

사카가미 코오다이 저
236쪽 | 16,000원

그림으로 배우는
웹 구조

니시무라 야스히로 저
240쪽 | 16,000원

그림으로 배우는
클라우드 2nd Edition

하야시 마사유키 저
192쪽 | 16,000원

그림으로 배우는
네트워크 원리

Gene 저
224쪽 | 16,000원

그림으로 배우는
보안 구조

마스이 토시카츠 저
208쪽 | 16,000원

그림으로 배우는
SQL 입문

사카시타 유리 저
352쪽 | 18,000원

그림으로 배우는
파이썬

다카하시 마나 저
480쪽 | 18,000원

그림으로 배우는
C 프로그래밍
2nd Edition

다카하시 마나 저
504쪽 | 18,000원